社長に事業承継の話を切り出すための本

株式会社クロスリンク・アドバイザリー
代表取締役 半田 道 [著]

中央経済社

事業承継のことで悩んでいる社長とディスカッションをしたいと思いながら，なかなか一歩を踏み出すことができていないみなさまへ

　銀行，証券会社，生命保険会社のご担当者，税理士，弁護士等のみなさまの中には，お客様である社長と事業承継についてディスカッションをしなくてはならないのに，苦手意識があって，ついつい先送りしている方がたくさんいらっしゃるのではないでしょうか？

　筆者が，銀行の担当者向けに行っている事業承継の研修において，受講者からご相談を受けた時の会話をご紹介します。

銀行員

支店長からあの会社の事業承継対策はどうなってる？と聞かれて，社長に事業承継の状況を聞きに行かなくてはならないのですが，何をどのように聞けばいいのかわかりません。

筆者

そもそも，なぜみなさんは，社長に事業承継の状況を聞きに行かなくてはならないのですか？

銀行員

事業承継のことで困っている社長を助けたいですし，事業承継対策のお手伝いをする過程で何らかの<u>ビジネスに結びつけたい</u>です。

筆者：面談の目的がはっきりしているのに，なぜ事業承継対策について，ディスカッションができないのでしょうか？

銀行員：そもそも，事業承継とは何をすることなのかよくわかっていません。税務知識がないので，なんだか不安ですし，話の切り出し方によっては，社長に怒られそうだからです。

　本書は，そんな悩みを解決するために，次に示した内容について豊富な事例や社長との会話例を織り込んで解説した**明日からの実践に役立つ本**です。

- 事業承継対策＝税務対策ではなく，経営の承継が重要であること
- 社長が事業承継対策で検討すべき事項
- 面談に必要な心構えと面談時の話し方

　事業承継対策の本は，ほとんどのものが税務対策を中心に書かれていますが，本書は，経営を承継することの対策について重点的に書いています。**難しい専門用語はほとんどありません**ので，ご安心ください。
　これを読めば明日から経営者と事業承継の話をすることが怖くなくなります。
　さあ！　肩の力を抜いて，楽しく読み始めましょう！

■本書をお読みになる上でのご留意事項

‣ 読者のみなさまは，銀行，証券会社，生命保険会社などの金融機関に勤務されている方や，税理士，弁護士，中小企業診断士，コンサルタントの方など，さまざまだと思いますので，本文中では，**読者のみなさまのことを「提案者」**と表現させていただいております。

‣ 平成31年 4 月 1 日現在の法令，通達を基準としています。

‣ 本文中に記載の会社や事例は，筆者がお会いした，さまざまな会社の特徴の一部分をアレンジして記載しております。したがって，実在する企業や個人と直接的には関係がありません。

‣ 読者のみなさまにとって，ご理解しやすい表現を目指したため，あえて法令や通達に記載されたものとは異なる表現を用いている場合があります。

‣ 本書で述べている税務，法律上の取扱いについては，一般的な考え方について解説したものです。個別具体的なご判断・ご対応に際しては，各々の専門家にご相談いただきますようお願いいたします。

目　次

第1章　事業承継について考える ———————— 15

1．事業承継とは何か？ ·· 16
⑴　社長のイスを渡すとはどういう意味か？　17
⑵　自社株を渡すことはどういう意味があるか？　18

2．事業承継対策とは何か？ ·· 20

3．事業承継対策＝税務対策という誤解 ······························ 21

4．事業承継対策は相続対策ではない ································· 23
⑴　事業承継対策と相続対策の比較　23
⑵　事業承継対策の方法が相続対策に与える影響　23

5．事業承継対策をしないとどうなるのか？ ····················· 26
⑴　社長が心に決めた後継者にバトンタッチできない　26
⑵　内紛の可能性　27
⑶　取引先，銀行からの信用失墜　29
⑷　相続税負担が会社の資金繰りに影響を与える　30
⑸　後継者に与える過大な負担　32

第2章　社長の心情を理解する ———————— 35

1．事業承継は社長にとって検討が進まないテーマ ·················· 36

2．事業承継対策を考えなくてはならない，でも考えたくない··36

2-1 事業承継のことを考えたくない気持ち……………………37

(1) 仕事が何よりも面白い　37

(2) 世の中から相手にされなくなってしまう　37

(3) まだ経営判断は衰えていないと自分では思っている　38

(4) 会社の問題点を解消しなければバトンタッチできない　39

(5) 銀行取引は自分の顔でもっている　39

(6) 長年苦労をともにした従業員と，まだ一緒に会社を
伸ばしたい　42

(7) 後継者を指名することに遠慮がある　42

2-2 事業承継のことを考えなくてはならないという気持ち‥44

(1) 世の中の事業承継についての騒ぎに，漠然とした不安がある　44

(2) 健康上の不安を感じた　45

(3) 同世代の社長が経営をバトンタッチした（亡くなった）　45

(4) 経営判断に自信がなくなった　46

(5) 後継者を早く一人前にしたい　47

3．社長の年代ごとの事業承継の検討内容……………………49

(1) 50歳代の社長のケース　49

(2) 60歳代から70歳代の社長のケース　49

(3) 80歳代の社長のケース　50

(4) 特殊な例―業歴が長い老舗企業のケース　51

4．社長が事業承継対策の提案者に対して感じていること………52

(1) 気持ちの整理ができたら相談をしたい。それまではそっとしておいて欲しい　52

(2) まず，自分の話を聞いて欲しい　52

(3) 事業承継対策の実行を慌てさせないで欲しい　53

第3章　事業承継対策で検討すべきこと ————— 55

1．社長のイスと自社株を渡す相手と渡す時期 …………………… 56

1-1　【誰に・何を】渡すのか？ ………………………………………… 57

▼社長のイスを渡す相手　57

⑴　渡す相手の選択　57

⑵　渡す相手を選定する基準　58

▼自社株を渡す相手　62

⑴　自社株を渡す相手とシェア　63

1-2　【いつ】渡すのか？ …………………………………………………… 69

⑴　社長のイスを渡すタイミング　69

⑵　自社株を渡すタイミング　69

⑶　社長のイスと自社株を渡すタイミングの関係　70

2．後継者の育成 …………………………………………………………… 73

3．社長交代についての関係者の理解 ……………………………… 75

4．経営体制の構築 ……………………………………………………… 76

⑴　親族役員の調整　76

⑵　ベテラン役員との関係構築　78

⑶　新任役員の登用などを検討する　78

⑷　グループ会社がある場合の経営体制の検討　79

5．株主構成の検討 ……………………………………………………… 81

⑴　スムーズな経営のための株主構成　81

⑵　安定株主の検討　82

6．自社株を後継者に渡す方法 …………………………………… 84

⑴　後継者の資金負担の観点からの検討　84

(2) 自社株を渡す方法ごとの税率　88

(3) 納税猶予制度の適用を受けて，自社株を後継者に贈与または相続
で渡す方法　89

(4) 株価対策の考え方　91

7. 検討をサポートする専門家の役割分担について......................95

第4章　提案の心構えと内容——————————97

1. 提案の心構え................................98

(1) 事業承継の話をするのは，会社の存続，発展のためのお手伝いで
あること　98

(2) 事業承継対策の話をするのは，「引退宣告」であると
理解する　100

(3) 社長の良き相談相手になること　101

(4) 事業承継の話をすることの苦手意識を排除する　102

2. 好ましくない提案とは？................................104

(1) 計算上，効果はあるが，経営上はリスクもある提案　104

(2) 近視眼的な提案—高齢な社長の自社株を現金化する提案　107

(3) 株価だけに着目している提案　108

(4) 節税ブームに乗った提案　109

(5) セオリーを押し付けた提案　109

(6) 小さな会社に対する複雑な提案　112

(7) 問題解決を先送りにする提案　112

(8) 税制改正の影響を考えていない提案　113

(9) メリットばかりを強調する提案　114

3. 好ましい提案とは？................................115

(1) 社長にとってわかりやすい説明であること　115

目　次　11

- (2)　事業承継対策で検討すべきことの全体像を説明し，スケジュールを検討する提案　115
- (3)　会社の内容を把握した上での提案　116
- (4)　リスクを分散させる提案　117
- (5)　全ての選択肢を説明し，選んでいただくこと　119

第5章　社長と面談した時にどうするか？——121

1．面談の基本的事項 ……………………………………………122
- (1)　事業承継の話をしていいのかということを，まず社長に確認　122
- (2)　言葉遣いを慎重に　123
- (3)　将来の会社の発展のために，事業承継のディスカッションをしたいということをわかってもらう　124
- (4)　話すよりもまず聞くこと　125

2．事業承継対策のディスカッションをするための会話例………130
- (1)　話の切り出し方　130
- (2)　事業承継対策の検討状況の確認　133
- (3)　後継者の確認方法　134
- (4)　バトンタッチ時期の確認方法　138
- (5)　自社株を渡す相手について確認する　140
- (6)　自社株を現金化（譲渡）したい意向の有無，金額の確認方法　142

3．社長とのディスカッションがスムーズにいかない場合の会話例
………………………………………………………………144
- (1)　事業承継の話をしたら，まだ早いと言われた　144
- (2)　自分はゼロから始めたんだから後は知らない　146
- (3)　まだまだ会社を伸ばすためにやりたいことがたくさんあって，引退なんて考えられない　148
- (4)　後継者がまだ育ってないから任せられん　149

(5) 事業承継のことは，顧問税理士に頼んでいるからいいと言われた　150

(6) 死ぬまで社長をやる　152

(7) 会社の問題点を解消しなければバトンタッチできない　155

(8) 後継者候補である息子とは，まだ話をしていないと言われた　156

(9) 長年苦労をともにした従業員と，まだ一緒に会社を伸ばしたい　158

(10) 「親族でない役員に継がせるから大丈夫」と言われた　159

(11) 「自社株は相続で渡す。相続税の資金はあるから大丈夫」と言われた　161

4. 理解することが難しい社長の考え方や行動を分析する⋯⋯⋯162

(1) 顧問税理士は頼りにならないと言われたが，他の税理士を探してはいない　162

(2) 「娘の配偶者を社長にするが，自社株は娘に渡す」と言われた　163

(3) 社長は「高額な退職金を受け取る」と言っている　165

(4) 自社株を渡す直前に「やっぱりやめた」と言われた　168

第6章　事業承継対策をサポートする ──────── 169

1. 社長と後継者のディスカッションをサポートする⋯⋯⋯⋯170

(1) 社長は後継者候補と話をしていない　170

(2) 後継者候補の立場と心情を理解する　170

(3) 調整役としての提案者の役割　175

2. 事業承継対策の検討を始める ⋯⋯⋯⋯⋯⋯⋯⋯⋯⋯⋯⋯178

(1) 社長の頭の中にあることを紙に整理する　178

(2) 事業承継計画書を活用する　179

(3) 問題点の優先順位や社長が譲れないことを確認する　182

⑷　バトンタッチの時期を決めるのに良い方法　182

３．継続的なディスカッションの実施 ……………………………………186

⑴　社長をせかしてはいけないが，背中を押すことも忘れてはいけない　186

⑵　自分が担当している時に事業承継が実行されるとは考えてはいけない　187

⑶　ディスカッション内容の整理と保存　188

むすび ——————————————————————193

初心者向け基礎知識 ————————————————197

【３つの株価算定方法】……………………………………………197

⑴　類似業種比準価額方式　198

⑵　純資産価額方式　199

⑶　配当還元価額方式　200

【株主総会決議について】……………………………………………201

あとがき ——————————————————————203

●挿絵イラスト　半田 道●

【事例】

銀行員と社長の税務対策以外のディスカッション　　22

先代が後継者を指名せずに亡くなり後継者争いになったケース　　29

メインバンクが社長のリタイアを拒んだケース　　41

息子に承継できたものの言い出すのが遅かったケース　　43

株特対策で50億円の不動産を買いましょうという提案　　104

株式が経営に関与しない親族に分散しても

　　　　　　　　親族でうまく経営しているケース　　111

「私の履歴書」のような話を4時間語った社長の話　　128

社長のイスは承継しても自社株は承継しないケース　　165

60歳代の後継者候補から相談されたケース　　173

第三者からの説明で事業承継が進んだケース　　186

社長からのコメントを生かした提案　　190

第1章

事業承継について考える

◆**事業承継のことを知らずに，社長に話を切り出すことは**
できません

事業承継の話をすることが苦手だと感じているのは，そもそも事業承継についての理
解が不足していることが大きな原因です。

この章は，**事業承継の基礎の基礎**です。

▶事業承継とは，社長が後継者に何を渡すことなのか？

▶事業承継対策は，何をすることなのか？

ということについて，ポイントを整理します。

また，事業承継についての理解を妨げるものして，次のような誤解があり，これを正
しく理解していただきます。

▶事業承継対策＝税務対策という誤解

▶事業承継対策＝相続対策という誤解

その上で，事業承継対策をしなければ，会社はどうなってしまうのかということを知
り，社長に事業承継の話をしなければならないことを理解していただきます。

1．事業承継とは何か？

　それでは，みなさんが社長とディスカッションをしたいと考えている「事業承継」とは具体的にはどういうことなのでしょうか？

　文字通り**事業を承継する**，つまり，**事業を渡す**ということですが，これだとピンとこないかもしれません。

　実際に何を渡したら事業を渡すことになるのかというと，社長が後継者に**社長のイス**と**自社株**を渡すことです。

■後継者に渡すもの

社長のイス
- 経営者としての地位
- 経営理念
- 会社の強みと弱みについての状況
- 社内外から得た信用

自社株
- 会社の財産を所有する権利
- 会社の重要事項を決定する権利

社長

後継者

(1) 社長のイスを渡すとはどういう意味か?

これは，後継者に「**経営者としての地位**を渡すこと」と，それと同時に「**経営理念，会社の強み・弱みなどの状況，社長が社内外から得た信用を引き継ぐこと**」です。

① 経営者としての地位を渡すこと

これは，社長を交代して後継者に経営を任せることです。

現社長がリタイアして，完全に会社から離れることもありますし，会長の座について，後継者である社長を見守るというケースもあります。

いずれにしても，後継者が現社長に代わって経営上の最終決定をする立場になるということであり，後継者が今まで専務や常務だったとしても，その時とは比較にならない責任を負うことになります。

② 経営理念，会社の強み・弱みについての状況，社長が社内外から得た信用，を引き継ぐこと

【経営理念】

後継者が社長という役職に就いただけで，会社経営をやっていけるわけではありません。後継者が経営を担うためには，先代の社長たちが今まで大切にしてきた経営理念をまず理解し，会社として何を目指すのかという大きな方針を確認します。

【会社の強みと弱み】

経営理念を理解した上で，好業績をあげている会社の強みや，これから業績を伸ばす上で，改善すべき問題点などの会社の弱みを理解しなくてはなりません。

会社の技術力や商品のブランドが会社の強みである場合，それを強みと

して引き継ぎ，さらに発展する工夫も大切ですし，また逆に優れたものは陳腐化する可能性もあるので，それに対する対策も後継者は考えなくてはなりません。

そして，会社の弱みという点では，在庫管理や顧客管理，資金繰りなど，会社が抱える問題点はさまざまです。現社長はそれらを会社の弱みとして認識しつつも，業績拡大が優先し，また，経営を続ける中で優先的に解決しなければならないさまざまな問題が発生して，改善に着手できていないことがあるものです。

したがって，事業承継においては，会社の良い部分だけではなく，これから改善すべき点も社長から後継者に伝える必要があるのです。

【社内外から得た信用】

社長が取引先や金融機関，従業員など社内外から得た信用は，現社長が構築したもので，後継者はそれを引き継ぐと同時に，後継者自身が信用されるような関係を構築する必要があります。

事業承継は，自社株を渡すことの議論になりがちですが，社長のイスを後継者にきちんと渡すことが会社存続にとって，重要な課題なのです。

なお，事業承継において，社長のイスを渡すことを「**経営の承継**」といいます。これは，「**自社株の承継**」と区別して使われる言葉ですので，覚えておいてください。

(2) 自社株を渡すことはどういう意味があるか？

自社株には「**会社の財産を所有する権利**」と「**会社の重要事項を決定する権利**」という2つの側面があります。

① 会社の財産を所有する権利

会社の財産には，会社の社屋や工場設備，現預金，商品，借入金など会

社の貸借対照表に記載されたものと貸借対照表に表れない会社の顧客・ブランド・技術力・人材などがあります。

これら全てを包含したものが自社株ですので，自社株を後継者に渡すことで，後継者は会社の財産を引き継ぐことができます。

つまり，自社株を後継者に渡すということは後継者が会社の財産全てを所有するということです。

②　会社の重要事項を決定する権利

経営において，重要事項を決定するためには，株主総会の決議が必要です。株主総会では，一定数以上の賛成を得られなければ会社としての意思決定ができないのですが，この決議に必要なものが自社株です。

後継者は，より多くの自社株を持つことによって，自分の意思を会社の経営方針として株主総会で決議することができます。

事業承継が何かという定義は大切なことですので，下記の「まとめ」をしっかりと頭に入れてください。

本書を読み進む上で，時々，この「まとめ」をご覧になっていただくと，より一層理解が深まります。

■まとめ■

事業承継とは

①　**社長のイス**を渡して後継者に経営を任せること。経営理念，会社の強み・弱みなどの状況，社内外から得た信用を引き継ぐこと
②　**自社株**を渡して，後継者に会社の財産を引き継ぎ，株主総会で会社の経営方針を決定できるようにすること。

2．事業承継対策とは何か？

> 事業承継対策とは，後継者にバトンタッチした後も，
> 会社が存続，発展するように経営体制を整える手続

　会社を後継者にバトンタッチした後に，業績が悪化するようなことは避けなくてはなりません。

　事業承継とは，前述のように社長のイスと自社株を渡すことですが，この2つは，簡単に渡せるものではありません。

　例えば，社長が長男に対して「お前が明日から社長だ」と指名し，社長が所有している自社株をタダで渡すだけでいいのであれば，事業承継問題が世の中でこんなに大騒ぎになることはありません。

　つまり，事業承継対策とは，計画的に後継者の選定と育成を行い，後継者にバトンタッチした後も安定的な経営が行えるように経営体制や株主構成の見直しをしたり，自社株を渡す方法を考えるなど，バトンタッチにおけるさまざまな問題を解決して，後継者にバトンタッチした後も会社が存続，発展するような体制を整える手続のことです。

　事業承継対策というと，株価対策，ひいては税務対策をイメージされる方もいますが，それは，事業承継対策の一部分にすぎないということです。

　具体的に事業承継対策で何をすべきなのかという詳細につきましては，「第3章　事業承継対策で検討すべきこと」をご参照ください。

3．事業承継対策＝税務対策という誤解

　事業承継対策は，社長のイスと自社株を渡す時の問題点の検討ですが，このうちの自社株を渡す際に発生する税金を抑えること，さらにはそのために行う株価対策など「自社株の財産的価値」を引き下げる対策がクローズアップされた結果，**事業承継対策＝税務対策と誤解**され，提案者のみなさまの中には「税務知識がないので，社長と事業承継対策の話ができない」とお考えの方が多いと思います。

　しかし，株価対策などの税務対策は事業承継対策で検討すべきことではありますが，優先的に検討すべき問題ではありません。

　会社を後継者にバトンタッチした後に，会社が存続，発展するためには，後継者が現社長と同じように，経営手腕を発揮することです。

　それを実現するために，現社長が後継者を育て，後継者がうまく経営できるように会社の体制を整えることを優先的に検討すべきであり，それができないうちに，自社株を渡す時の税金を減らす算段が整っても意味がないということです。

　提案者は**事業承継対策＝税務対策ではなく，会社が存続・発展するように社長交代後の経営体制を整えること，つまり「経営の承継」**から社長とディスカッションすることが重要です。

　したがって，この時に税務知識は必要ありませんので，税理士でない方も，特に不安に思う必要はないということです。

　事業承継対策 ≠ 税務対策

【事例：銀行員と社長の税務対策以外のディスカッション】

　筆者が駆け出しの銀行員だった頃は，まだ事業承継対策が今のような社会問題ではありませんでしたが，経営をバトンタッチする社長にとって大きな悩みであったことは，現在と同様でした。

　現在は，銀行の担当者が事業承継の提案をする場合には，お客様の会社を訪問することが多いと思いますが，当時は，社長が支店長に相談するために銀行にお見えになることが多かったようです。

　そんな時，支店長は支店長室のドアをバタンと閉めて，社長と2人だけで内緒話のように事業承継のご相談を受けていました。

　支店長は税務知識に精通しているわけではないので，税務対策の話をしていたのではなく，**会社の経営を判断する銀行員の視点で，後継者にバトンタッチした後に会社が存続・発展するためにはどうしたらいいのかということについてディスカッションをされていました。**

　社長は，後継者の選定や育成，自分のリタイア時期について社内に相談できる人を探すのは難しいと感じていましたが，銀行の支店長は，多くの経営者と経営計画について話す機会に恵まれていることもあり，経営の承継についてのディスカッション相手として，その選択は正解と感じられたご様子でした。

　税務対策の前に，経営の承継についてのディスカッションが必要なことは昔も今も変わりませんので，**税務対策に偏らず，会社の将来像についてディスカッションすること**が大切です。

4．事業承継対策は相続対策ではない

(1) 事業承継対策と相続対策の比較

　事業承継対策は相続対策のようなものだと思っている方がいます。

　確かに「相続・事業承継セミナー」というタイトルのものがありますし，社長の自社株を後継者に渡す時の税金は，相続税・贈与税であることが多く，社長のリタイア＝相続という連想がそういう誤解を招くのかもしれませんが，事業承継対策と相続対策は別のものです。

　ここで，二者の違いについて考えてみます。

◆**事業承継対策**

　社長のイスと**自社株**を後継者に渡した後も，会社が存続発展するように経営体制を整える手続

◆**相続対策**

- 相続税の納税資金を確保する。
- 相続人が公平に遺産分割できるようにする。
- 相続税の納税額を引き下げる。

　これを見ると，**事業承継対策は会社の経営に関すること，相続対策は社長個人の相続財産に関すること**という違いがあることをおわかりいただけると思います。

(2) 事業承継対策の方法が相続対策に与える影響

　それでは，相続対策が事業承継と全く関係しないのかというとそうではありません。事業承継において自社株を渡す方法は，譲渡・贈与・相続な

どの方法を検討しますが，その際に選択した**自社株を渡す方法は，相続対策の方法に影響します。**

それでは，自社株を譲渡する場合と相続で渡す場合の2つのケースが，相続対策に与える影響を考えてみましょう。

① 社長が相続で自社株を渡す場合

一般に，未上場企業の社長の財産に占める自社株の比率は高く，そのままの状態で相続が発生すると相続税が納税できないことや，相続人が公平に遺産分割をすることができないなど，相続対策上は問題があります。

その際，必要な資金を捻出するためには，相続人が自社株や不動産を会社に買い取ってもらうことを検討しなくてはならない場合があります。

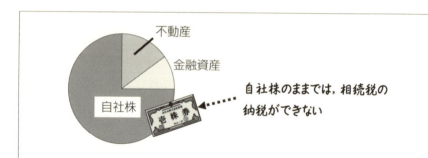

自社株を相続で渡すと相続税の納税資金が不足したり，遺産分割が容易ではないことがある。

② 社長が後継者に自社株を譲渡する場合

一方，**社長が自社株を**後継者や会社に**譲渡する**のであれば，社長の財産に占める金融資産の比率が大きくなり，相続税の納税資金や遺産分割資金を用意することは容易になります。

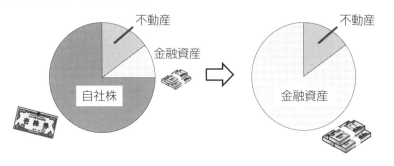

　つまり，**事業承継対策＝相続対策ではなく**，事業承継対策において，経営の承継と自社株の承継方法が決まった上で，自社株を含めた社長の財産の相続対策を検討することになります。

　言い換えれば，自社株をどのように渡すのかという方法が決定してからでないと，社長の財産について相続対策を検討してもあまり意味がないということです。

　ですから，事業承継の検討が進んでいないのに，相続対策だけの提案をしても，社長の心には響かず，ディスカッションは進まないでしょう。

　なお，事業承継対策をせずに社長が突然亡くなった場合には事業承継と相続が同時に発生するということになります。

　何も対策をしていないでそのような状況を迎えることがないように，早期の事業承継対策の検討開始が必要なことは言うまでもありません。

5．事業承継対策をしないとどうなるのか？

社長に対して，事業承継の話を投げかけると，こんなコメントを返されることがあります。

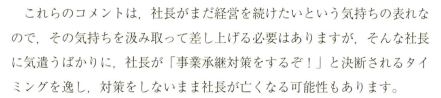

- わたしはゼロから始めたんだから，わたしが死んだあとのことは，残った人たちで好きにやってくれればいい。
- まだまだ会社を伸ばすために，やりたいことがたくさんあって引退なんて考えてる暇はない。
- 後継者は，まだ育っていないから任せられん。

これらのコメントは，社長がまだ経営を続けたいという気持ちの表れなので，その気持ちを汲み取って差し上げる必要はありますが，そんな社長に気遣うばかりに，社長が「事業承継対策をするぞ！」と決断されるタイミングを逸し，対策をしないまま社長が亡くなる可能性もあります。

そんなことになると，会社は大混乱になります。

それでは，事業承継対策をしないと具体的にどのようなことが問題になるのかということについてご説明します。

(1) 社長が心に決めた後継者にバトンタッチできない

事業承継で最も重要なことは，会社の経営を担う後継者を決めることです。しかし，社長がそれを後継者に伝えずに亡くなった場合，社長が後継者と心に決めていた人を指名することができなくなります。

一人息子がすでに入社していれば，そのまま会社を継ぐことになり，結果的には社長の想いと同じ結論に至るかもしれませんが，社長の子供が二

人いて，ともに入社している場合は簡単ではありません。

　例えば，社長は次男に後継者としての適性を見出し，後継者候補として育てようと思っていたとしても次男にそれを伝えていなければ，次男はそれを知ることができません。そうなると残された兄弟二人で話し合って社長を決めることになりますが，これは大変難しいものです。

　そんな時，一般的には，兄が社長になることは，納まりが良い方法です。なぜなら，弟が社長になれば，兄は社長としての能力がないと世の中に公表してしまうことにもなりかねず，兄はそのようなことがないように社長になりたいと思うでしょうし，また弟もそんな兄に遠慮することが多いからです。

　しかし，**兄弟の上下は，経営能力の優劣とは関係がありません。**社長が会社を担う資格のある人と判断した人を，きちんと後継者として指名することが会社の存続，発展において重要なのです。

(2)　内紛の可能性

　兄弟で話し合って社長を決められれば良いのですが，兄弟双方，自分が社長になりたいと考えて行動を起こすこともあります。そうなると単なる兄弟げんかではなく，兄弟以外も巻き込んだ社内の内紛ということになります。

　会社の中で，長男派や次男派に分かれて争い，その後，仮に決着がついたとしても，社内はギクシャクしてしまうことになります。

　さらに，最終的には決裂して会社を分割してしまうことも実際にあります。同族の老舗企業が兄弟で決裂して，同業を同じような社名で別々に営んでいることを報道でご覧になったことがあるかと思います。

　内紛が発生した会社に対しては，取引先や銀行なども不安に感じてしまい，せっかく築いた会社の信用が台無しになります。

28　第1章　事業承継について考える

　そのような状況を顧客の立場になってみた場合，商品の良し悪しよりも，会社が分裂したイメージが商品に重なって，あまり印象の良いものではないと思います。

　つまり，世の中の人は，会社がどのように事業承継を成就させるのかということに注目していることを忘れてはいけないのです。

　社長は世の中の人がどうであれ，自分の子供たちだけは，仲良くやってくれるものと信じています。いや，もしかすると，信じたいと思っているというのが正解かもしれません。

　ですから，この問題点を社長によく理解していただくために，親族間，特に兄弟間での後継者争いは起こりうるものだということを提案者のみなさまから社長に説明してください。

5．事業承継対策をしないとどうなるのか？　29

【事例：先代が後継者を指名せずに亡くなり後継者争いになった　ケース】

　日本舞踊のある流派の後継者争いのケースがマスコミで報道されたことがあります。

　この流派の家元には子供がおらず，家元が後継者と決めた本人には後継者に指名すると告げていましたが，そのことを公表せずに亡くなってしまいました。

　その後，流派内の他の実力者が「自身が後継者である」と正式に発表してしまった結果，生前に家元から指名されていた人は家元を襲名するどころか，流派を除名処分になり，最後は裁判にまで発展しました。

　最終的に裁判では決着がついたものの，このような対立のあとに，双方協力して流派の発展を目指すことは難しいのではないでしょうか。

　また，流派の混乱状態を世の中に知らしめることになったことも残念な結果です。

　このケースは日本舞踊の流派の話ですが，一般企業においても同じことが起こり得ると考えてください。

---

(3)　取引先，銀行からの信用失墜

　後継者にバトンタッチする前に社長が亡くなった場合，取引先や銀行は後継者の実力を知りませんので，一から後継者の品定めを行うことになります。

　ここで大切なことは，**未上場企業は社長のカリスマ性で持っている**ことが多いということです。

　つまり，取引先は「会社対会社の取引」というよりも「あの社長だから

30 第1章 事業承継について考える

取引したい」というように，社長の人物そのものを信頼して取引をすると
いうことです。

　取引先や銀行が後継者に不安を覚えた場合，取引先は支払条件を厳しく
したり，銀行は融資条件の変更や今後の新規融資に慎重になることもある
でしょう。

　例えば，銀行の融資判断の一部である財務分析は，過去の実績をもとに
会社の状況を判断する方法ですが，過去の実績や単年度の業績だけではな
く，会社の将来性についても分析をしています。

　その際，紙に書かれた将来の事業計画の信憑性だけではなく，社長がそ
の事業計画を遂行する能力があるのかどうかというのが，重要な判断材料
になります。

　つまり，後継者が社外から一人前と認められるためには取締役として営
業や財務担当として経験を重ねることも大切ですが，それだけではなく，
事業計画を遂行した実績を積み上げていることが必要なのです。

　ですから，後継者が社外から信頼を得られるように，時間的な余裕をも
持って事業承継を実行することが大切です。

(4)　相続税負担が会社の資金繰りに影響を与える

　前述のとおり，未上場企業の場合，一般的に社長の財産の大半は自社株
と不動産であり，それと比較すると金融資産の割合は少ないので，社長の
自社株や不動産を相続した人は，相続税の納税について苦労されることに
なります。社長が亡くなった場合，その財産額に対して，最高税率55％の
相続税を納税する必要がありますが，その際に納税資金の原資となるもの
は，次頁の図のとおりです。

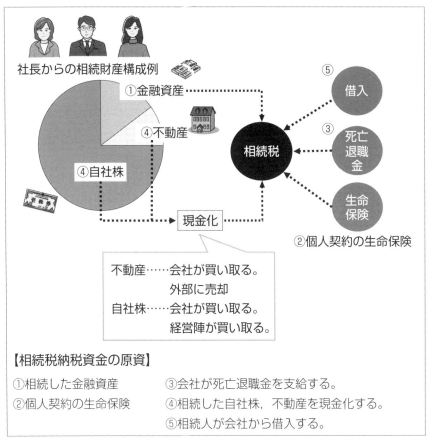

※なお，別途，会社契約の生命保険がある場合には，相続発生時に会社が生命保険金を受け取り，それが会社が支給する死亡退職金（③）の原資になるため，会社の資金繰りにはプラスになります

　これを見ていただくと③〜⑤は，最終的には資金の負担者が会社になります。

　事業承継対策をしていないということは，会社は計画的に資金を準備しているのではなく，突然に資金が必要になるということなので，会社の資金繰りに大きな影響がありますし，さらに，会社が自己資金で対応ができ

ない場合には，銀行借入をすることになります。

しかし，**相続時に本当に会社が借入をできる財務内容であるのかどうか**，現時点ではわかりません。

また，相続税の納付期限までは10か月しかありませんので，その段取りをするのは，ある日突然，社長になることが決まった駆け出しの後継者であることを考えると，その負担はとても大きいのです。

ですから，そのようなことにならないように，どのように自社株を渡すのか，また突然相続が発生したら，自社株を含めた社長の相続財産に対する相続税をどのように納税するのかということを検討しておくことが大切です。つまり，**事業承継対策とは，税金を払う資金調達など，将来発生するリスクまで考える必要がある**のです。

⑸ 後継者に与える過大な負担

例えば，社長の子供が会社に入社して，役員に就任している場合，子供は，「将来，自分が会社の将来を担うことになるのだろう」と薄々は感じているとしても，実際に社長から事業承継の時期などを告げられなければ，自分から準備をすることは難しいものです。

また，前述のように，後継者は経営理念，会社の強みと弱みについての状況，社内外から得た信用を引き継ぐ必要があり，これらができてこそ事業承継が完了すると考えれば，そのために一定の時間が必要になります。

事業承継対策をしないまま社長が亡くなると，これらのものが後継者に引き継がれず，**後継者としては，何の準備もできないまま，突然，社長として仕事をしなければならない**ということになります。準備期間を経て後継者が社長になったとしても，現社長と同じように経営ができるとは限らないのに，まして，準備なしにスタートするのでは，後継者には過大な負担がかかるということです。

そして，最終的には従業員，取引先にも影響しますので，現社長としては，関係当事者に迷惑をかけないように準備することが大切なのです。

■■まとめ■

　このように，事業承継対策をしないことによって，さまざまな問題が起きることはおわかりいただけたでしょうか。**事業承継の検討は，社長自身のリタイアという観点だけではなく，会社の存続，発展という観点で考えなくてはいけないものです。**

　これをご理解いただいた上で，事業承継対策をされていない社長に，「事業承継対策をしないと，こんな大変なことになってしまいます」と説明してください。

　また，ここでご説明した内容は，読んでおわかりのように税務対策の話ではありませんので，税務知識が乏しい提案者のみなさまも，社長とお話しすることを不安に思うことはありません。

　社長のために，そして会社の存続を願って，事業承継対策をしないことの問題点を説明して，事業承継対策の検討をスタートしていただくよう促してください。

第2章

社長の心情を理解する

◆社長の心は，複雑に揺れている

社長に事業承継の話をしたら，なんとなく怒られそうだと感じている方が多いと思いますが，それは，社長が事業承継に関して，どのように考えているのかどうかを，提案者が理解していないことが原因の一つです。

事業承継対策を前向きに検討する社長，なかなか検討が進まない社長などさまざまですし，また，社長の年齢によって，お考えが変化するものでもあり，社長の心は大変複雑なものです。

この章では，社長の事業承継対策を考えなくてはならない気持ちと，まだ考えたくない気持ちが，どのような状況によってもたらされるのかということついて，ご説明します。

1. 事業承継は社長にとって検討が進まないテーマ

　平成29年7月に中小企業庁が策定した，「中小企業の事業承継に関する集中実施期間について（事業承継5ヶ年計画）」によると，「**70代，80代の経営者でも（事業承継の）準備が終わっていると回答した企業は半数以下**」とのことです（同資料P.20より引用）。

　多くの社長は事業承継対策が重要と思いながら，検討が進まないことが多いもので，やはり社長にとって，事業承継対策は避けたいテーマなのです。

　ですから，社長の立場になり，お気持ちを理解した上で話をしないとディスカッションはスムーズには進みませんし，社長は自分の気持ちを理解してくれない提案者とは，話したくないので心を閉ざされてしまう可能性もあります。

　そのようなことにならないように，社長のお気持ちの中で，事業承継対策がどのように位置づけられているのかをご説明します。

2. 事業承継対策を考えなくてはならない，でも考えたくない

　どんなに社長をやっていることが楽しくても，いつかはバトンタッチをしなければならないことは，社長も心の底ではわかっています。

　ただ，さまざまな局面で社長の気持ちは，「事業承継対策を考えたくない」「事業承継対策を考えなければならない」という考えの間で揺れ動いているものです。

　それでは，事業承継対策を考えたくない気持ちと考えなければならない気持ちについてご説明します。

2-1 事業承継のことを考えたくない気持ち

(1) 仕事が何よりも面白い

やはり，これが考えたくない気持ちで最大のものです。

社長というのは，何歳になっても，会社の業績を伸ばす計画を立て，それを達成していくことが何よりも楽しい人たちなのです。

ある意味，ドラクエのようなロールプレイングゲームで遊んでいる子供のような状態です。そんな子供からゲームを取り上げてしまったら，大騒ぎになることは簡単にご想像いただけると思いますが，事業承継とは，それと同様に社長から楽しいおもちゃを奪うことであり，とても大変なことなのです。

筆者がお会いした80歳代の社長でも，新規事業のアイデアをたくさんお持ちなっていて，

と楽しそうに語っておられました。

社長にとって，会社経営での達成感はゴルフや飲食などの遊びには代えられないものです。

(2) 世の中から相手にされなくなってしまう

社長は，もしも「社長」という肩書が無くなったら，自分は世の中から，相手にされなくなってしまうかもしれないという不安や寂しさを抱いてい

ます。

　今までは，社内ではもちろんのこと，取引先，銀行，同業者の会合，そしてゴルフ場や飲み屋さんに行っても，相手からきちんと「社長として」尊敬されていましたが，社長ではなくなった場合には，名刺も法人クレジットカードもなくなり，極端な言い方をすると「リタイアした老人」として扱われることになるかもしれません。

　また，完全にリタイアするのではなく，社長から会長に退くケースでも，取引先や銀行は，会長にではなく，社長に会いに来るようになります。会長として出社していたとしても，それは，事実上の引退と感じられることが多くなります。

　さらに，代表権のない相談役などに退いた場合には，なおさらです。従業員ですら，声をかけられない限り相談役を相手にすることは稀となり，常に社長の方を向いているでしょう。それは，やむを得ないこととは言え，社長としては寂しいものです。

　提案者としては，そんな社長のお気持ちを理解した上で，優しい気持ちで，社長にお話をする必要があるということです。

⑶　まだ経営判断は衰えていないと自分では思っている

　社長は，自分の経営判断が常に正しかったからこそ，会社は長い間，発展してきたと考えています。たとえ，年齢とともに耳が遠くなったり，体力の衰えを感じ始めたとしても，自分の経営判断は決して間違っていないと思っていることが多いものです。

　ですから，後継者や他の経営陣への事業承継を検討し，会社の将来を心配するよりも，今後の事業のことを最優先に考えて，事業承継を後回しにしてしまうのです。特に創業社長にこの傾向は強く表れています。

⑷　会社の問題点を解消しなければバトンタッチできない

　後継者のために「借入を減らしてから」とか「業績を改善してから」で
ないとバトンタッチできないという社長がいます。

　社長としては，ご自身がいままで苦労したことを思うと，後継者に同じ
苦労をさせたくないという気持ちが働き，このような考えに至ることが多
いものです。

　また，今までの事業方針を変更する必要があると考えた時に，その軌道
修正を後継者に任せるのは大変なので，バトンタッチする前に自分でなん
とかしようと考える方もいるのです。

　つまり，これは自分の子供のような会社と後継者へ強い愛情なのです。

⑸　銀行取引は自分の顔でもっている

　銀行取引，特に融資取引は銀行から社長への信頼感があって成り立つも
のです。

　過去，困った時に借入できなかったことや，返済を迫られたり，金利を
引き上げられたりしたことなど，長年，銀行取引で苦労された社長は，後
継者がすぐに銀行からの信頼を得られるものではないと考えています。

　ですから，そんな不安が事業承継の検討にブレーキとなるのです。

　また，社長ご自身のお気持ちだけではなく，銀行が事業承継時期を遅ら
せて欲しいと発言をすることがあり，その結果，社長が事業承継対策を考
えたくない気持ちを助長することがあります。

　例えば，メインバンクが社長のリタイアを嫌がる発言をするケースがあ
ります。

　融資をしている銀行の立場としては，後継者に経営能力がないままにバ
トンタッチされてしまうと，融資の返済がきちんと行われるのかという不

安が生まれることになります。

　そこで，銀行の目から見て後継者が育ってない場合には，事業承継を遅らせたいと考え，現社長が会長に退くとしても，そのまま代表権は維持するような提案をすることがあるのです。

　また，融資の返済が履行されるのかという観点とは別に，単に社長に対するリップサービスで，「社長には，まだまだ頑張っていただきたい」と言う方もいます。

　いずれにしても，そんな話があった場合，もともと事業承継をしたくない社長としては，「渡りに船」とばかりに，事業承継を考えないことになりますし，後継者に対しても「お前はまだ銀行に認められていない。銀行取引は自分の顔で持っている」という態度を示すことができます。

　何歳になっても，世の中から期待されて活躍している自分というのは，嬉しいものです。

　特に，事業承継のことを考えなければならない年齢になった社長は，みんなが自分に引退して欲しいと思っているのではないかと考えてしまう傾向にあり，銀行が引き留めてくれると，とても嬉しく感じるものです。

【事例：メインバンクが社長のリタイアを拒んだケース】

　創業から会社を大きくしてきた80歳の社長は，高齢とはいえ健康で，事業意欲は旺盛でした。

　しかし，そろそろ万が一に備えるべきという周囲のアドバイスもあり，事業承継を決断したところ，メインバンクからバトンタッチには賛成せず，「あと5年で後継者を育てて引退してください」と要請されました。

　確かに後継者はすでに役員ではあるものの，まだ銀行には顔が知られていませんので，メインバンクは不安を感じたようでした。

　社長は，銀行からの条件なので受け入れざるを得ないと嬉しそうに周囲に続投を宣言していましたが，筆者は次の①～③の理由で，すぐにバトンタッチをすることを勧めました。

> ①　80歳の社長が，85歳まで健康で経営が続けられるのかどうかわからないこと。
> ②　早期に後継者候補を社長に就任させて，経験を積ませることが重要であること。
> ③　バトンタッチの時期が遅れて業績のマイナス要因になったとしても，その時に銀行の融資条件が変わらないのかどうかわからないこと。

　銀行との交渉の上，「社長は代表権のある会長職に退き，後継者を育てながら2年を目処にリタイアする」ということで話がまとまりました。

42　第2章　社長の心情を理解する

⑹　長年苦労をともにした従業員と，まだ一緒に会社を伸ばしたい

　中小企業の経営者にとって，会社は自分の子供のようなものであり，従業員は家族同様です。

　会社が小さい頃から，一緒に頑張ってくれて，苦しみも楽しみも分かち合ってきた従業員とは離れがたいものです。

　しかし，いったん，社長の座を降りてしまえば，そんな従業員も後継者の顔色を伺うことになり，自分は次第に過去の人となってしまうこともよくわかっています。

　これは，社長にとっては，とても寂しいもので，特に，創業者の場合にはこのお気持ちがとても強いものです。

　また，自分は従業員とうまくやってきたが，後継者がその従業員たちとうまくやれるのかということについても不安を覚えています。

　まだまだ，従業員と一緒に歩んでいきたい気持ちがバトンタッチをする気持ちを妨げているのです。

⑺　後継者を指名することに遠慮がある

　同族会社の社長は，後継者について考える時，まず自分の子供を最優先に考えることが多いものです。

　ただ，そうは言っても，子供には自分の人生があるので，会社を継いでくれるかどうかわかりません。

　創業社長は，自らやりたい会社を始めたので，職業を選択したといえますが，後継者は職業選択の自由を犠牲にして，親や親族のために会社を継ぐ決断をしなくてはならない状況にあるということです。

　ですから，社長は子供に会社を継いで欲しいという気持ちと子供に犠牲を強いるという気持ちの間で揺れ動き，子供に対して遠慮があるというこ

とです。

　また，後継者が親族ではない役員の場合には，日々一緒に働いているものの，なかなか後継者として指名することは簡単ではありません。

　なぜなら，社長にならずに，ナンバー2の役員として会社勤めを終える方が，幸せだと考える人もいるだろうと想像するからです。

　そして，いざ，後継者として指名して，断られた場合，その後の業務がギクシャクしないかという不安もあるということです。

【事例：息子に承継できたものの言い出すのが遅かったケース】

　筆者がお会いした70歳代の創業社長は，いずれは息子を後継者にしようと，なんとなく考えていましたが，息子が大学を卒業する頃はまだ社長自身が若かったこともあり，事業承継の話を息子としなかったので，息子はその会社とは全く関係のない上場企業に就職しました。

　社長は，いい社会勉強になるだろうというくらいに考えていましたが，息子はその会社で活躍して，どんどん偉くなり，果たして後継者になってくれるのか？　そして後継者になってくれるとしても，いつ戻ってくれるのかわからないという状況になってしまいました。

　社長としては，戻って会社を継いでくれと言いたいものの，息子が働いている会社での夢を奪うような気がして，なかなか言い出せずに，時間が経過しました。

　しかし，後継者が決まらないと事業承継対策が検討できず，次第に株価も上昇していったために，社長も意を決して息子に話をしたところ，息子は父親が自分のことを後継者候補とは考えていないと思っていて，自分の就職した会社での将来設計をしていたことがわかりました。

　ですから，息子としては，社長から後継者に指名されることは嬉しい

ものの，そうであれば，もっと早く伝えてもらいたかったという気持ちが混ざり，複雑な心境になりました。

その後，息子は後継者になることを決意しましたが，就職した会社での重要なプロジェクトのリーダーにもなっており，実家の都合で，すぐに，その仕事を放りだすということもできずに，かなり苦労して業務の引継ぎを行い，退職することになりました。

その時点で，社長が息子に話をしてから，なんと6年も経過していました。

もちろん，息子が戻って来ないという可能性もあったので，それよりは良かったとは考えられますが。もっと，早くから社長が息子に会社を継いでもらいたいという気持ちを伝えていれば，もう少しスムーズだったのではないかと考えられます。

2-2　事業承継のことを考えなくてはならないという気持ち

まだまだ経営を続けたいという気持ちもありながら，やはりいつかはバトンタッチしなくてはならないことを社長はわかっています。

そんなお気持ちを表した具体例をご説明します。

(1) 世の中の事業承継についての騒ぎに，漠然とした不安がある

新聞を読むと，事業承継という文字を頻繁に見かけますし，事業承継セミナーが開催されていたり，銀行や税理士から事業承継の提案があったりすると，社長としては，みんなが大騒ぎしていることが気になり，そろそろ自分自身も事業承継対策を考えなくてはならないのだろうかと漠然とした不安を抱くようになります。

ただ，実際に事業承継セミナーに参加してみると，株価の計算方法や株価対策といった税務対策の難しい話が多いことと，セミナーに参加するだけでは，自分の会社の問題点が何であって，どのように対策すべきなのかわからず，さらに不安になることがあります。

そうなると，社長は自分の会社も，誰か相談相手を見つけて，計画的に事業承継対策の検討をすべきだと考えるようになっていくのです。

(2)　健康上の不安を感じた

団塊の世代の経営者は，一般にお元気な方が多いものです。それだけに，バトンタッチが遅れている会社が多いのかも知れません。

ですから逆に，そんな社長が体力的な衰えを感じたり，病気を患った場合には，急に，「このまま経営していていいのか？」という不安を抱き，それをきっかけに，事業承継対策を考えることは多いものです。

やはり，体調が悪ければ仕事に穴を開けることがあるでしょうし，経営判断が鈍ることがあるでしょうから，今まで全く事業承継対策を検討されなかった社長が，健康上の不安をきっかけに，急に対策に熱心になることは多いものです。

仕事上でパフォーマンスを発揮できない＝バトンタッチの時期という判断基準になるということです。

(3)　同世代の社長が経営をバトンタッチした（亡くなった）

例えば，70歳代は一般のサラリーマンであれば退職している年齢ですが，社長には定年がないので，年齢を基準としてバトンタッチの時期を決めることが難しいものです。

しかし，同世代の社長がリタイアしたり，会長職に退いたという事実は社長が事業承継を考え始める重要な基準になります。

46 第2章 社長の心情を理解する

　さらに，同世代の社長が亡くなった場合，特に，事業承継対策をせずに社長が急死して，会社が混乱したり，最終的に廃業に追い込まれたようなケースに遭遇すると，かなり真剣に事業承継のことを考えるきっかけになるものです。

　また，リタイアする理由は共通のものが多く，同世代の社長同士でその情報を共有することによって事業承継対策を考えるきっかけになり，これは，親族がバトンタッチを促すよりも，社長のご決断に大きな影響を与えるものです。

⑷　経営判断に自信がなくなった

　社長が健康であっても，ビジネスのトレンドを読めなくなることがあり，いつまでも正しい経営判断を続けられるとは限りません。

　時代とともに世の中は変化するものですから，常に勝ち組でいられる会社も多くはありません。

　例えば，電話一つとっても，固定電話しかなかった時代から，携帯電話が登場し，その携帯電話（ガラケー）から，スマホに変化していきましたし，自動車の場合も，ガソリン車からハイブリッド車，電気自動車など新しいものが台頭しています。これらの変化により，使用される部品が変わったり，部品数がかなり減るということがあるそうです。

　つまり，売れている製品の変遷によって，各々の製品に携わっていた会社の売上にも大きな影響があるということです。

　社長は，いままでビジネスで成功をおさめた栄光の歴史があればあるほど，うまくいかなくなった時の落胆は大きいものです。

　そんな時が，社長がバトンタッチを考える瞬間です。

　社長自身，自分の経営判断が時代に合わなくなったとは，認めたくないものですが，実際に経営判断に自信がないという自覚を持たれた場合には，

事業承継対策の検討のスピードはかなり早くなります。

⑸　後継者を早く一人前にしたい

　これは創業社長ではなく，2代目以降の社長にみられるケースです。

　2代目以降の経営者は，創業者と比較すると自分にはカリスマ性がある
と考えている人の割合は低くなり，自分が長年にわたって社長を続けるよ
りも，次の世代にうまくバトンを渡すことが経営にとって重要であると考
えていることがあります。

　2代目以降の社長は，後継者候補として役員のポジションで，修行を積
む機会があっても，社長としての経営判断をしているわけでないので，社
長に就任して，すぐに先代のような経営手腕を発揮することはできないの
が普通です。

　また，社長に就任した当初は，先代と比較されるので，世間から一人前
の社長として認められるためには相当な努力が必要です。

　創業者や先代が経営してきた会社のバトンを受け継いで，自分が一人前
であると認められるために大変な苦労をした経験のある2代目以降の社長
は，後継者候補を社長にして，後継者を早く一人前にしたいという想いを
抱くことがあるのです。

■まとめ■

　今まで，ご説明したように社長は事業承継対策を考えたくない気持ちと考えなくてはならない気持ちの間で揺れ動いています。

　そのようなお気持ちをもった社長に，事業承継対策の話をするのは，簡単ではありません。提案者としては，揺れ動く社長の気持ちに配慮して，優しくお話をすることが大切です。

　具体的に社長とどのように話をしたらよいのか？ということについては，実際の会話例も含めて，「第5章　社長と面談した時にどうするか？」で解説していますので，ご参照ください。

まだまだ仕事をしたいから，事業承継のことは考えたくない。
でも，考えなくちゃならないなぁ……。

3．社長の年代ごとの事業承継の検討内容

　いろいろな想いを抱えながら，実際にバトンタッチを先送りにしている社長は多いのですが，**何歳であっても，事業承継のことを全く考えていない社長はいない**と言っていいでしょう。

　それでは，いったい社長は何歳から事業承継を考えているのでしょうか。筆者の経験をもとに社長の年代別の検討状況について説明します。

(1)　50歳代の社長のケース

　この年代は，事業意欲が旺盛で，はたから見ると事業承継のことを考えているようには見えないことが多いものですが，実際には事業承継対策の検討を始めている社長もいます。

　特に，先代からの事業承継で苦労した社長は早期に検討をスタートすることは多いものです。

　ただ，親族内承継の場合には後継者候補である息子さんが，まだ学生ということもあるので，密かに検討しているものの，第三者に相談することは多くないものです。

　この時期から検討を始めると対策の選択肢が多く，より良い方法で事業承継が行える可能性は大きいので，提案者としては，この年代の社長に事業承継対策のディスカッションをするのは早すぎると決めつけない方が，良いのです。

(2)　60歳代から70歳代の社長のケース

　この年代の社長は，かなり真剣に対策を検討し，専門家に相談していることが多いものです。

事業承継セミナーなどの参加者はこの年代の社長が一番多いものです。この年代の場合，後継者候補がすでに会社に入社していたり，役員に就任しているケースも多いので，検討を開始してから，早期にバトンタッチすることがあります。

ですから，提案者としては，重点的にディスカッションすべき年代です。

(3)　80歳代の社長のケース

80歳を迎えた社長は，事業承継対策について考えたくなくなることが多くなります。

「私はゼロから会社を始めたんだから，あとのことは残った人たちで好きにやってくれ」という社長にお会いすることがありますが，それはこの世代の方が多いものです。

社長として経営をしていることがとても楽しいということと，事業承継対策を考えるのは，もう面倒だと感じている年齢ということです。

そして，周囲も80歳まで会社経営をしてきた社長に対して，いまさら「社長を辞めてください」という話をするのは，心情的にも難しいと感じるものです。

しかし，この世代はお元気だといっても，残念ながら風邪をひいただけでも，その後，体調を崩されて亡くなることがありますので，会社の将来のことを考えれば，社長がもう事業承継対策のことなど考えたくないといっても傍観してはいけません。

さらにいえば，なんとか80歳代になるまでに，事業承継の対策をするように促すのが，提案者としての重要な役割だということです。

⑷　特殊な例─業歴が長い老舗企業のケース

　業歴が長い老舗企業の場合，事業承継対策については，独特の考え方があり，前述のように社長の年代別には整理できないことがあります。

　老舗企業の場合，社長は，後継者にバトンタッチする時に，「**先祖から引き継いだ会社を後継者にきちんとバトンタッチすることが，社長としての最重要課題である**」と事業承継対策の重要性を説明することがあるそうです。

　ですから，老舗企業の社長は，かなり若い頃から，将来の事業承継を意識し，また他社の状況や税制について情報収集していることがあります。

　老舗企業の場合には，社長が若い場合でも，将来の事業承継について，どのように考えているのかということをお伺いしながら，事業承継のディスカッションをしてみることが良いと思います。

52　第2章　社長の心情を理解する

4．社長が事業承継対策の提案者に対して感じていること

(1)　気持ちの整理ができたら相談をしたい。
　　　それまではそっとしておいて欲しい

　前述のとおり，社長は事業承継対策をしなくてはならないと心の奥底では考えています。

　ただ，自分が事業承継について検討を始める前に，具体的なスキームまで提案されることは好まないものです。それは，事業承継対策を，まだ考えたくない段階の社長にとっては，心に土足で踏み込まれるように感じるからです。

　まだ，バトンタッチを考えていない社長としては，健康で事業意欲もあるし，まだまだやりたいこともたくさんあるのに，金融機関の担当者や税理士が，自分の顔を見るたびに，事業承継対策をしなければならないと言ってくるのは，**「早く辞めろ」と言われているようで**，そんな提案には辟易しているものです。

　ただ，社長としても，永久に相談したくないというのではなく，**気持ちの整理ができたら相談をしたい**と考えているものです。

　社長が今，話をしたいのか，まだ早いのか，その状況を判断してから本格的なディスカッションをすることが大切です。

(2)　まず，自分の話を聞いて欲しい

　社長は初対面の提案者からも，いきなり，自社株の評価がいくらであるとか，株価を下げる方法など，税務対策の話や事業承継のスキームの説明をされるケースがあるのですが，社長としては，提案者に対して，まず**自分が今まで会社を経営してきた苦労や業績を知って欲しい**と考

えています。

　会社がどのように発展してきたのかという歴史を知らない人に，会社の将来を考えた事業承継の検討はできないと感じているのです。

　ですから，経営の承継については言及せずに，自社株を渡すことについてだけ提案する人を好まない社長は，たくさんいると考えてください。

　また，社長は基本的に孤独で，あまり第三者から褒められることも多くありません。そして，社長がいままでの功績を語ることができるのは，社長でいる間だけです。

　そういう意味でも，**社長はまず自分の功績を理解し，称えて欲しい**と考えているものなのです。

　そのプロセスをなくしては，事業承継のディスカッションはないと考えてください。

　社長は素晴らしい活躍の傍らで多くの苦労をされ，その功績をみんなに称えられてリタイアすることがあるべき姿であり，そのことがないままに，株価が高いとか，株価を下げる方法などの話をされたら，社長としては，いままで頑張って経営してきたことが，評価されていないように残念に感じてしまうものなのです。

(3)　事業承継対策の実行を慌てさせないで欲しい

　事業承継対策の検討を早くから実施している社長は，いろいろなスキームの提案を受けて，検討されている場合があります。

　しかし，それは今すぐに，実行するという意味での検討ではない場合もあります。

　前述のように，先代からの事業承継で苦労した社長は，50歳代でも事業承継対策の検討をスタートさせていることがあります。

　社長としては，事業承継の実行はまだ先ではあるものの，早い段階から

いろいろな選択肢を検討しているのですが，提案を実施した金融機関としては，近々実行されると考えてしまうこともあり，特に融資の実行が絡んでいる場合などは，社長は事業承継の実行をせかされることがあります。

例えば，株価が一時的な要因で急激に下がった時に，「**自社株を後継者に渡す千載一遇のチャンスです**」と言って，実行を迫る金融機関がありました。

社長としては，会社を後継者にバトンタッチをするのは一生に一度のことです。

後継者にバトンタッチをするために，後継者を育てて，役員や株主などの経営体制を整え，自分がリタイアしても，もう大丈夫と思えるようにならなければ，事業承継を実行することはありません。

つまり，株価が下がったとか税金が少なくなるぐらいのことで，慌ててバトンタッチなどはしないものです。

ですから，事業承継対策の実行を急がせる提案者は，社長の相談相手にはなれないと理解してください。

第3章
事業承継対策で検討すべきこと

◆事業承継対策で検討すべき6つの項目

社長が事業承継対策を開始すると決断した場合，何から始めればいいのでしょうか？ 具体的に検討すべきことは下の6項目であり，社長がどのような対策をしなければいけないのかを理解することができれば，提案者のみなさまが社長と何をディスカッションしなければならないのかがわかってくるはずです。

これを理解して，事業承継対策とは何から始めたらいいのかご存じない社長には，教えて差し上げて，一緒に考えていきましょう。

なお，それに加えて検討をする際の相談相手である専門家についても考える必要があります。

1. 社長のイスと自社株を渡す相手と渡す時期
2. 後継者の育成
3. 社長交代についての関係者の理解
4. 経営体制の構築
5. 株主構成の検討
6. 自社株を後継者に渡す方法

プラス 検討をサポートする専門家の役割分担

1．社長のイスと自社株を渡す相手と渡す時期

　前述のとおり，後継者に渡すものは，**社長のイス**（経営理念，会社の強み・弱みについての状況，社長が社内外から得た信用）と**自社株**です。
　この2つを【いつ】【誰に・何を】【どのように】渡すのかを考えることが必要です。

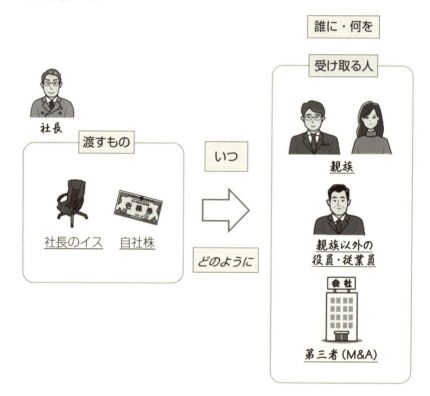

　渡すものが，社長のイスと自社株の2つですから，受け取る人が同じ場合もありますし，違う場合もあります。
　また，「いつ」渡すのかというタイミングについても，社長のイスと自

社株を渡す時が同時の場合と違う場合があります。

　それでは，社長のイスと自社株を【いつ】【誰に・何を】渡すのかについて，検討すべきポイントをみていきましょう。

　なお，【どのように】渡すのかということは，**2**後継者の育成，**3**社長交代についての関係者の理解，**4**経営体制の構築，**5**株主構成の検討，**6**自社株を後継者に渡す方法，で順次説明します。

1-1 【誰に・何を】渡すのか？

▼ 社長のイスを渡す相手

　現在，会社の経営がうまくいっているのは，現社長が長年の経験やノウハウにより，正しい経営判断を実施しているからですが，社長のイスを後継者に渡すということは，会社にとって，その**最も重要な役割を担った存在である社長がいなくなり，後継者に代わるということ**です。

　これからも会社を存続・発展させられる可能性のある人物の選定と育成をどのように行うのかということが事業承継対策上，重要な検討事項になります。

　後継者候補は，親族もしくは親族外から選ぶのか，またその選定の基準はどのようなことなのかについて考える必要があります。

(1)　渡す相手の選択

①　親族に渡す

　同族会社の場合には，社長の子供など，まず親族に承継することを考えることが多いものです。親族において社長のイスを渡す相手は，一般的には，社長の長男，長女，甥，姪など現社長の一世代下の親族が考えられま

すが，それらの後継者候補が，まだ，未成年や学生である場合には，社長の弟など，現社長と同一世代の親族にバトンタッチすることもあります。

　一般に，後継者候補の選択肢としては女性よりも男性を優先的に考えることが多かったのですが，最近では女性の後継者も珍しくはありません。同族会社としては，女性後継者という選択肢が増えたことは喜ばしいことですが，その分だけ，後継者を誰にするのかという検討の時間も増えるということです。

②　親族以外に渡す

　親族以外に承継することを考えてみると，渡す相手は，社内の親族以外の役員・従業員などが考えられます。

　外部から社長を招聘するというケースもありますが，未上場企業の場合には，まだ一般的ではありません。

　そして，社内に該当者がいない場合には，第三者に売却するM＆Aという選択をすることになります。後継者不足を理由として，中小企業のM＆Aの件数は年々増加しています。

(2)　渡す相手を選定する基準

　どのような人物を後継者として選定するのがいいのかということは，各企業によってさまざまな基準があることはもちろんですが，どの企業にも共通して言えるのは，後継者候補に，**社長になる意思・覚悟・適性があるかどうか**ということです。

① 親族に渡す場合

●社長になる意思

　後継者選定の基準として，満たさなければならないことは，後継者に社長になる意思があるかということです。

　社長になる人に「社長になる意思がある」ということは，当たり前のように思われるかもしれませんが，社長の子供だからと言って，社長になりたいと考えているとは限りません。

　自分の一生の仕事として，親から会社を引き継ぐ意思がなければ，社長として会社をリードすることはできません。

　家業だから継がなくてはならないという消極的な気持ちではなく，会社をバトンタッチされた後も，事業を拡大していくという前向きな気持ちがあることが必要です。

　同族企業の場合，この後継者の意思確認がなかなか行われていないのですが，後継者候補に社長になる意思がなければ，後継者候補選択のスタートラインにもつけませんので，早期に意思を確認する必要があります。

●社長としての覚悟

　実際に後継者候補として修業を始めてみて，社長としての適性の有無の判断はともかく，後継者候補自身が社長としての責任の重さを感じて，自分で社長に向いていないと「断念」することがあります。

後継者候補は，役員での業務経験はあったとしても，その時には社長が全ての責任を負うという前提で仕事をしていることが多く，それは社長に頼っている状況なので，社長としての重責は社長になって初めて感じるものなのです。

後継者候補が社長として，売上を伸ばすこと，資金繰りや借入の大変さを理解して，従業員の生活を背負うことなど，社長になる覚悟があるのかということを確認しなくてはなりません。

● 社長としての適性

同族会社で社長に子供がいれば，子供に会社をバトンタッチしたいと考えるのは自然なことです。

しかし，**社長の子供だからといって，後継者として会社を担っていく適性があるとは限りません。**

実際に後継者候補として育成したところ，社長としての適性がないと社長が判断することがあります。そうなるとまた後継者の選定を一から考えなくてはなりません。

また，社長の長男・次男が会社に入社している場合，兄弟2人ともどちらが社長に指名されるのかわからずにモヤモヤしている状態になり，これでは，後継者としての自覚は生まれず，社長としての適性も判断できません。早期に後継者候補として修業させて，適性を判断することが大切なのです。

② 親族以外に渡す場合

● 社長になる意思

親族以外の役員については，社長になりたいという意思をあらかじめ持っている人は少ないと考えられ，社長から指名されてはじめて考えることが多いと思います。

親族以外の役員の場合には，ナンバー 2 なら頑張れるけれども，社長になって大きな責任を負うことなどは，全く考えていないということが多いでしょう。また，役員の奥様が「社長になるなんて，そんな大それたことはやめてください」と言うケースもあるようです。つまり，後継者候補である役員だけではなく，その奥様の意思も必要であるということです。

ですから，後継者に指名しても，簡単に引き受けてくれるとは考えずに，早期に，意思の確認をする必要があるということです。

●社長としての覚悟

親族以外の役員が，後継者になる場合，自社株を誰が引き継ぐのかという問題があります。

親族以外の役員が自社株を引き継ぐとなると，自社株の購入資金や税金の負担を自己資金では賄えず，借入することもあります。これらの資金負担まで応諾するには，大きな覚悟が必要で，尻込みしてしまう人の方が多いものです。

また，創業者一族が株主として存在したままで，経営をするということは，自分が社長として経営をしつつも，会社の重要事項を決定する場合には，株主総会において，株主である親族にお伺いを立てなくてはならないということです。そのように，親族に気を遣いながらの経営というのは簡単ではありません。

さらに，社長になると，銀行借入の保証人になることも含めて，金額的に大きな責任を負います。

現社長の親族が後継者になる場合には，社長の財産を相続するなど，財産的背景も引き継ぐことになりますが，親族以外の役員の場合には，一般のサラリーマンであることが多いので，個人で多額の金銭に関する責任は負えないのが普通です。

しかし，負えないと言っても，何かあった場合には負わざるを得ないも

のですので，後継者候補に，このようなことについての覚悟があるのかどうかを確認する必要があるのです。

●社長としての適性

　親族以外の役員は，ナンバー 2 として手腕を発揮することには適性があるとしても，社長としての高度な経営判断ができるとは限りません。

　最終的には，実際に社長に就任して修行を積んでいただかないと，適性の有無は判断できません。

　ただ，役員として幸せにリタイアできる可能性のあった人を社長にしておいて，適性がなかったので，降格するというのは，当人に対して大変厳しい対応になります。

　そのようなことにならないように，就任前から適性の有無について検討することと，就任してからのサポートの強化が必要ということです。

▼ 自社株を渡す相手

　自社株には，**会社の重要事項を決定する権利と会社の財産を所有する権利**があります（P.18ご参照）。

　したがって，自社株を渡す相手を考える時には，2 つの権利を考慮して検討する必要があります。

　社長が社長のイスを渡す相手，つまり後継者に自社株を全て渡すとは限りません。

　後継者が社長の一人息子で，社長が所有している自社株の全部を渡すのであれば，検討すべきことはありませんが，社長の長女が経営にタッチしていないケースであるとか，親族以外の役員が社長になるケースなどは，自社株もその人たちに渡すのかどうか，そして各々にどれくらいのシェアの自社株を渡すのかを検討する必要があるのです。

(1) 自社株を渡す相手とシェア

① 会社の重要事項を決定する権利としての自社株

まず，株主総会で会社の重要事項を決定する権利の観点で，自社株を渡すシェアを検討します。

自社株を渡す相手は下の図のように，まず親族か親族以外かに分類されます。そして，親族の場合には「後継者になる社長の長男」のように経営に関与する親族と「専業主婦の長女」のように経営に関与しない親族に分かれます。

親族以外の場合には，「後継者である親族以外の役員」ということになります。

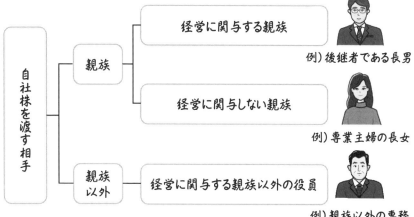

● 経営に関与する親族と経営に関与しない親族に渡す自社株のシェア

スムーズな経営のためには，後継者は社長として株主総会の決議を可決できる株数を持ち，経営にタッチしない人には極力，自社株を渡さないことが事業承継対策上のセオリーです。

発行済株式数の3分の2を所有すると株主総会の特別決議を可決できるので，後継者が3分の2を持つことを検討すべきです。

なぜ，会社の経営にタッチしない人には極力，自社株を渡すべきでないのかというと，経営に関与しない株主は，会社にとって協力的な株主でいてくれるとは限らず，経営方針に口を出したり，多額の配当を要求したり，高額な価額での買取りを要求することもあるからです。

また，経営にタッチしない人が所有している自社株が相続によって，その子供，孫へと自社株が引き継がれ，その際に，子供たちに均等に自社株を分けるというようなことが行われると，気がついた時には経営に関与しない株主の人数が増えてしまうことがあります。

もし，それらの株主が会社にとって協力的ではない場合には，会社経営を妨げる人がさらに増加していくということです。

社長は，自分が経営してきた会社の証（あかし）として，子供に自社株を持ってもらいたいと考えたり，また子供たちに均等に財産を渡したいという意味で自社株を渡したいと考える場合があります。

しかし，それは，経営上は大きなマイナスになることがあるということです。昭和の前半に設立した会社は，株式が親族に分散していることが多く，それらの会社は現在，株式を買い集めることに苦労している場合があります。

現在，自社株が分散していない会社は，今後このようなことにならないように，経営に関与する親族にのみ自社株を渡すことを考えるべきですし，またすでに親族に自社株が分散している場合には，可能であれば，後継者にバトンタッチする前に，経営に関与しない親族からの自社株買い取りを検討することも大切です。

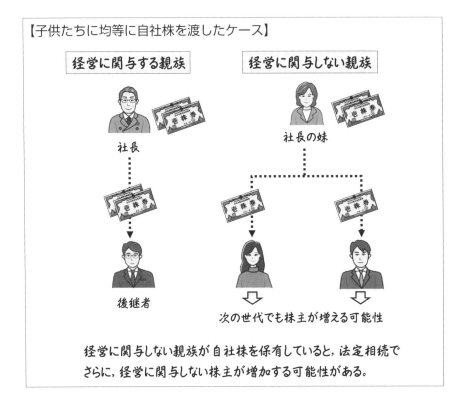

●経営に関与する親族以外の役員（後継者）に渡す自社株のシェア

　親族以外の役員が後継者である場合、やはり経営を担う以上は、持株数がゼロであるというのも好ましくありません。なぜなら、社長は取締役会で会社の運営について決議をしたものの、自らは株主総会に出席して発言することができないからです。

　しかし、自社株の評価が高く、億円単位になった場合には、サラリーマンである親族以外の役員が、社長の所有する自社株の全てを買うことは簡単ではありません。

　また、社長としては、自分の子供が後継者にならなかったとしても、その次の世代である孫には、後継者になって欲しいと期待している場合もあ

ります。

　以上のような観点で，親族でない役員は比較的，少数の自社株だけを所有してもらうことを考えていくのが現実的な落ち着きどころです。

　なお，親族である後継者が自社株を取得する際の株価と比較して，親族ではない役員が少数の株式を取得する方が価額はかなり低くなります。

　これは，両者のケースにおいて，株価算定方式が異なるからです。

　したがって，一般に，少数の自社株であれば，親族ではない役員が取得することは可能です。

　それでは，親族ではない役員が購入できなかった株式について，誰が取得するのかというと，通常は，経営にタッチしない現社長の親族ということになります。

　その場合には，その親族の誰が何パーセント所有するのかということを考える必要がありますが，何が良い方法なのかということは，ケースバイケースであり，一概には言えません。しかし，親族ではない役員が少数の株式しか取得しない場合，株主総会の決議を可決できるのは，現社長の親族株主ということになり，この状態を，**所有と経営の分離**と言います。

　これがいいかどうかという議論よりも，この方法で会社をスムーズに経営するための方法，例えば，経営陣と現社長の親族株主がコミュニケーションを密にする方法を考えることが大切です。

②　会社の財産を所有する権利としての自社株

　ここまでは，自社株の支配権（株主総会の議決権）の部分にフォーカスして説明しました。

　自社株には，もう一つ，会社の財産を所有する権利があり，社長の法定相続人にとっては，それは最終的には社長の個人財産としての側面もあります。自社株を渡す場合には，その点についても考慮する必要があるので

す。

　例えば，会社は長男が継ぐが，会社経営にはタッチしない長女がいる場合，自社株は将来配当を受け取れるという財産的な価値があることから，長女に渡したいと考える社長も多いものです。

　前述のとおり，未上場企業の経営者の財産は自社株が大きなシェアを占めており，経営に関与する後継者が自社株を全部相続してしまうと，他の相続人は法定相続分の相続を受けられないことがあります。

　この事実を不公平と考えるかどうかがポイントです。サラリーマン家庭の相続においては，親の財産を子供たちが法定相続分で公平に分けるという考え方は普通ですが，**経営者の親族の場合，自社株を経営にタッチする人とそうでない人で公平に分けることは，現実的には困難である**と考えた方がいいのです（困難さについては，次ページの図をご参照ください）。

　しかし，法定相続分をもらえない親族がこの事実を理解したり，納得することは難しいので，社長は経営にタッチしない子供には，法定相続分よりも少ない財産しか相続できない旨，生前に説明しておくと，後々の相続争いを回避することができます。

　相続人に大きな不満が出ないようにすることは，事業承継対策では重要なことなのです。

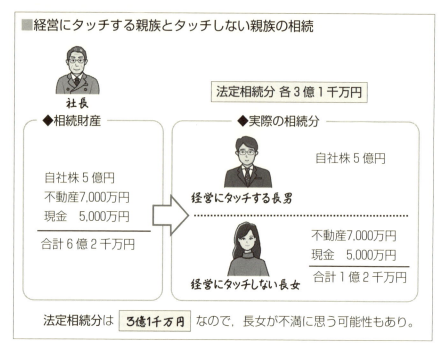

　図の内容を説明します。

　社長の財産総額の内訳は、自社株5億円、不動産7,000万円、現金5,000万円で、法定相続人は経営にタッチする長男と経営にタッチしない長女のケースです。

　経営にタッチする長男にとって、自社株5億円の全てを相続することは好ましいのですが、法定相続分は、相続財産の2分の1である**3億1千万円**なので、長男は法定相続分よりも多く相続することになり、法定相続分よりも少ない1億2千万円分の財産しか相続できない長女が不満に感じる可能性がありあります。

　これを、**生前に社長が法定相続人である子供に説明して納得していただくことが有効**です。

　遺言に書いておくことも、一つの解決法ですが、相続できる財産が少な

い親族の立場になれば，遺言を開封した時点で財産が少ないという事実を知るよりも，生前にお父さんである社長から説明を受けていた方が納得感があるのかはおわかりいただけると思います。

1-2 【いつ】渡すのか？

(1) 社長のイスを渡すタイミング

社長のイスを渡す，つまり後継者にバトンタッチする時期はいつが適切なのかということは，社長自身もなかなか決められないことが多いですし，何歳がいいというセオリーはありません。

また，後継者や経営陣も社長に対して「70歳になったら辞めてください」ということはできませんので，やはり**バトンタッチの時期は，社長にしか決められない**ものであるということです。

バトンタッチをすることが可能な時期としては，後継者の育成，社長交代についての関係者の理解，経営体制の構築や株主構成の検討などが達成できた時がそのタイミングであると言えます。

社長がバトンタッチのタイミングを決められないと言っても，いつかは辞める日が来ますので，これを早期に決めることができれば，事業承継対策も計画的に行うことができます。

(2) 自社株を渡すタイミング

自社株を渡すコストだけを考えると，株価が低い時が良いタイミングということになります。

ただ，自社株には会社の財産的価値だけでなく，会社の重要事項を決定することができる権利があるので，コストだけで考えるのは誤りです。

まだ，後継者に経営を任せられるレベルではないのに，コストが低いだ

70　第3章　事業承継対策で検討すべきこと

けで自社株を渡してしまうと大変なことになりかねません。

　極端な例ですが，社長が子供に自社株を全て渡した瞬間に，後継者である子供は会社を支配する権利を持つことになるので，現社長を会社から追い出すということも現実に起こっています。

　そんなことになって，経営がうまくいかなくなれば，関係者全員が不幸になってしまいます。

　後継者が会社の重要事項を決めるための判断力を身につけ，会社経営を任せていいと社長が考えた時が，自社株を渡すべきベストなタイミングです。

　なお，ここでは，社長が所有する一定以上のまとまった自社株のことについて述べているものであり，暦年贈与で少数株式だけ非課税で贈与していくことを否定するものではありません。後継者が会社を支配できない程度の自社株の贈与は計画的に行っても良いものです。

⑶　社長のイスと自社株を渡すタイミングの関係

　後継者に渡すものは，社長のイスと自社株の2つですので，各々を渡すタイミングが同時の場合と異なる場合があります。

　それでは，①社長が会長に退くものの，自社株はまだ所有しているケースと②社長がリタイアと同時に自社株を後継者に渡すケースについてどのような関係があるのか見てみましょう。

【2つのタイミング】

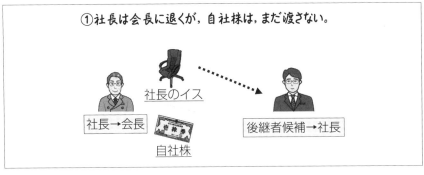

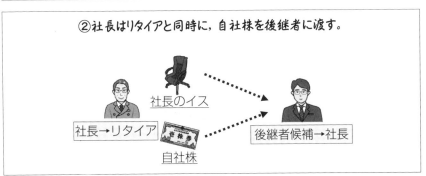

● 後継者育成の観点

　この２つのケースでどのような違いがあるかということですが，後継者の育成という観点では①の場合には，後継者を社長として育てながら徐々に会長の業務を減らして後継者にシフトしていくことができます。

　後継者育成の時間がとれることと，社内外も次第に後継者との信頼関係を築く時間的余裕が生まれるというメリットがあります。

　これに対して，②は後継者が社長に就任するのと同時に現社長がリタイアするので，後継者が社長に就任した後に育てる時間はありません。

　①②のどちらが良いということではなく，後継者の育成状況で考え，まだ後継者に不安がある場合には，①を選択すると良いということになりま

す。

●自社株の評価額の観点

次に，自社株の財産的価値の観点で，自社株を渡すタイミングを考えてみます。

後継者に自社株を渡す時に，後継者の資金負担を小さくするための株価対策（株価を下げること）を実施する場合，**株価対策は自社株を渡す前に実施する必要がある**ので，①のように社長が会長に退いた際に，自社株はまだ保有しているということであれば，そのタイミングでの株価対策は基本的には意味がありません。株価対策を行うのは，その後，自社株を後継者に渡す時に実施すべきものです。

②の場合には，社長がリタイアするのと自社株を渡すタイミングが同時なので，社長がリタイアする前に株価対策を行う必要があるということになります。

このように，**社長のイスと自社株の2つを渡すタイミングによって**，後継者育成や株価対策などに影響があることを理解してください。

２．後継者の育成

　後継者に社長のイスを渡すということは，後継者を社長に就任させ，経営理念や会社の強みと弱みについての状況，社内外から得た信用を引き継ぐことで，後継者を一人前の経営者として成長させることです。

　そして，その結果，後継者が徐々に社内外の信用を得ていくというプロセスが必要です。

　つまり，後継者が社長としての経営判断力を身につけることと，社内外の信頼を得ることには，一定の時間を要するということです。

　後継者は，社長就任前に役員を経験していたとしても，社長の立場で会社を俯瞰してみることは難しいものです。

　社長になると，目先の利益だけでなく，長期的な視点で経営判断を行う必要がありますが，その時の判断の拠り所になるのは，先代経営者たちの経営理念です。

　そして，会社の強みや弱み，経営上のノウハウを理解しなければ，正しい経営戦略は導き出せません。

　また，取引先，金融機関，従業員からの信用は，簡単に引き継げるものではありません。なぜなら，信頼は，後継者が一つひとつの仕事の積み重ねで，勝ち得ていくものだからです。

　これらのものを渡すのに，必要な期間は，後継者の能力にもよるでしょう。したがって，早めに計画を立てて，渡していくことが事業承継対策の検討上，必要になるということです。

　後継者候補を決めたら，後継者候補が修行を積む場所を決める必要があります。この場合，後継者候補の年齢にもよりますが，まだ学生の頃に将

来の後継者候補として考えた場合には，社内で育てるのか，社外で育てるのかという選択肢があります。

さらに，社外の場合には，後継者候補が修行を積む会社を本人に自由に選ばせるのか，社長の意向に沿った会社や業界から選ばせるのかということを考える必要があります。

社内での育成，社外での育成のどちらがいいのかというのは，一概には言えません。社外の場合には，どのような会社で働くのかによって修行経験が生かされるのかどうかも異なるからです。

ただ，筆者が関わった会社の後継者を見ると，やはり社外で経験を積んだ後に，後継者候補として入社して，さらに社内で修行を積んだ場合の方が，良いように感じます。

例えば，後継者候補が社長の子供の場合，親の会社に入社すると，**親族ではない社員が社長の子供に対し，時に厳しく，きちんと指導すること**は難しいのではないかということです。

一方，親の会社ではなく一般の会社に入社した場合には，後継者候補は，ひとりの従業員に過ぎませんので，チヤホヤされることはなく，他の社員と同様にきちんと指導されるでしょうし，時には理不尽な扱いを受けることもあるかもしれません。

こういう社会の厳しさを味わうことは，後継者が社長として取引先や社外の人と接する場合には，とても生きてくることなのです。

また，社内での育成については，後継者候補の能力に応じてプランを立てることが大切です。例えば社外で経験した職種が営業，経理，企画などさまざまだと思いますが，それらはすでにスキルがあると考えて，社内ではそれ以外のセクションで修行を積むと効率が良いということです。

3．社長交代についての関係者の理解

　未上場企業の場合，社長の顔（信用）で取引していることが多く，社長交代について，社内外の関係者に事前にご理解をいただくことが大切です。お取引先や金融機関は「あの社長だから」と信用して取引していることが多いので，あまりよく知らない後継者に突然変わってしまったら，今までの取引関係にも影響が出ることがあります。

　ですから，社長を交代する際には，事前に取引先や銀行などに，「顔つなぎ」をしておくことは大変重要です。

　また，社内の役員や従業員も後継者がどのような人物なのかを，全員が知っているわけではありません。

　実際に面識のある役員や従業員でも，後継者が「社長」としてどのように会社を経営し，そして自分たちにとってどのような存在になるのかはわからないので，興味深く，そして時には不安な思いで後継者を観察しているものです。

　こうした関係者からの信頼を得ることは時間がかかります。全ての関係者を安心させて社長交代をすることは難しいことですが，後継者が苦労しないように早期に取り組むべき重要な課題です。

4. 経営体制の構築

　実際に後継者が社長に就任して，社長として采配をふるおうと思っても，後継者は社長としては経験が浅く，社内外のこともよくわかっていないですし，また，会社は社長1人で運営できるものではありません。

　つまり，後継者が社長として会社を運営するためには，後継者をバックアップする経営陣が必要になります。

　これは社長がリタイアした後に後継者が考えることではなく，バトンタッチする前に，後継者がスムーズに経営を行える体制の構築を検討する必要があるのです。

(1)　親族役員の調整

　親族経営の会社で，例えば兄が社長でその弟が専務であることはよくあるケースです。そんな状況の中，後継者が社長に就任した場合，後継者は役員の中で「若手」であり，親戚の叔父さんや叔母さんと一緒に働くことになります。

　特に，社長がリタイアして弟はそのまま専務などの役員で残る場合には，後継者は**業務の経験が豊富な親戚の叔父さんを自分の部下に持つことになります。**

　叔父さんや叔母さんが後継者の味方になってサポートしてくれればいいのですが，必ずしもそうとは限りません。

　うまくいかない場合には，親族であることがかえってネックになるということです。

　例えば，後継者と社長の弟である専務との関係が難しく，専務が続投することが好ましくないと社長が判断した場合には，社長がリタイアすると

同時に専務も退職するように促すか，子会社の社長に据えるとか，代表権のない会長にするなど方法はあります。

　また，後継者の叔父の子供もその会社に入社することはよくあることです。

　後継者と叔父の子供はいとこ同士の関係ですが，子供の頃は，いとこ同士，ほぼ対等な関係で楽しく遊んでいたのに，大人になったら社長と専務というような上下の関係になるということです。

　その場合，叔父の子供の気持ちを考えると，後継者と自分はいとこ同士なのに，**社長の息子は社長になれて，自分は社長の弟の息子だから社長にはなれないというのは，感情的には納得しにくい**ものです。

　ですから，この場合，叔父の子供の心のケアも大切です。これは合理的に解決できる問題ではありませんが，いとこ同士でうまくやっていけるように処遇面での格差を大きくしすぎないなど，現社長が検討しておく必要があります。

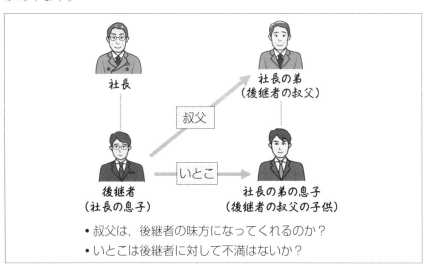

そんな複雑な関係で後継者の業務運営がうまくいくのかどうか？　これはその親族の関係によってさまざまですが，親族経営の場合には，「親族で会社を守っていくんだ」ということを社長が次世代経営陣に対して，きちんと説明するということが重要なのです。

⑵　ベテラン役員との関係構築

　ベテラン役員は後継者よりも，知識や経験が豊富ですし，その会社の良い時，悪い時を乗り越えた歴史や，長年の取引先との関係など，さまざまなことを知っている知恵袋のような方です。

　そんなベテラン役員は社長の息子が後継者になることは理解しているものの，気持ちの奥底で，業務経験の浅い社長の息子が一人前になるまでは，自分が育てていかなくてはいけないという煩わしさを感じる部分があると考えていても不思議ではありません。

　社長としては，そのようなことを理解して，ベテラン役員も気持ちよく働いてくれるように「会社のために，後継者を支えてやって欲しい」と伝えることは大切です。

　そして，誰か特定の役員を「後継者をバックアップしてくれる番頭さん」として決めておくと，後継者にとっては心強い存在ができることになります。

⑶　新任役員の登用などを検討する

　後継者は他の役員とうまくやっていけたとしても，ベテラン役員はいずれ年齢とともに退職されるので，後継者と長い間，経営を担っていく存在ではありません。

　ですから，後継者とともに会社をリードする次世代の役員を検討しておくことは大切です。

次世代の役員候補者を最初から役員にしないまでも，執行役員や部長職などにして，将来の役員候補として選定しておくことは，現社長として考えておいた方が良いことです。

今後，後継者の時代においても安定した経営を維持していくために，後継者を支える経営陣を選定，育成するのです。

つまり，事業承継は**社長が後継者にバトンタッチすると同時に，役員の承継でもあるということです。**

⑷　グループ会社がある場合の経営体制の検討

業歴が長い会社の場合，事業会社本体だけでなく，本体の会社業務に付随した関連会社や資産管理会社など複数の会社でグループが成り立っているケースがあります。

こういう場合には，社長交代前に，グループ会社の整理統合や，グループ会社の社長を誰にするのかなど，経営体制を検討しておくことが大切です。

事業を営んでいた会社が年月を経て事実上休眠会社になっていたり，単独で存在する意義がなくなってしまうことがあります。

そんな時，現社長は，過去の設立の経緯から，それらの会社を清算しても問題がないことはわかっていますが，わかっていながら，そのままにしていることもあるものです。

後継者はその会社のことを理解していないので，バトンタッチしてからどうすべきかを検討することは大変ですが，現社長が会社を清算することは簡単なので，バトンタッチする前に，どのようにグループ会社経営を行うのか検討しておくと良いということです。

また，グループ会社が休眠等ではなく，各々事業活動を行っているケースですが，現社長が会社の発展とともにそれらのグループ会社を増やして

きたとすると，現社長は各社の状況把握ができているので，全ての会社経営を一人で担っていても大きな負担がないかもしれませんが，後継者が社長としては，ひよっこの状態にあるのに，いきなり複数の会社の社長を任せられるのは，荷が重いこともあります。

　これは，各々の会社規模や業種にもよるので，一概には言えませんが，例えば，後継者が本体の事業会社の社長就任と同時にグループ会社，全社の社長になるのではなく，一部の会社の社長は現在の役員に任せるなどを検討することは有効です。

5．株主構成の検討

(1) スムーズな経営のための株主構成

後継者がスムーズに会社を経営するためには，自社株が不可欠です。

ですから，前述のとおり，経営に関与しない親族には，自社株を渡さないことがセオリーで，社長が所有している自社株は全て後継者に渡すことが，スムーズな経営を実現するポイントです。

しかし，業歴の長い企業などは，すでに社長の直系血族以外の親族株主が多いケースもあり，それらの親族が所有する自社株をどのようにするのかということを考える必要があります。

株主の世代交代とともに，社長から見ると，いとこ，はとこなど，普段交流のない親族が株主になる可能性があり，現在は親族間が良好だとしても，会社経営に協力的ではない株主が登場し，経営がスムーズではなくなるケースも出てくる可能性があります。

そのような状況を防ぐためには，後継者や社長が親族から買い集めることになりますが，これを後継者が実行しようとすることは大変です。

なぜなら，同族会社の場合には，株主は後継者からみて親戚の叔父さんや叔母さんであることもあり，そんな方々に自社株を売ってくださいと申し出て，価額の交渉をすることになり，親族同士の関係によっては，それが簡単ではないことがあるからです。

社長が自分の兄弟に交渉するのと後継者が叔父さんや叔母さんと交渉することと比較すると，後継者の方が大変である可能性が高いことはおわかりいただけるのではないでしょうか？

(2)　安定株主の検討

　親族内で自社株を代々引き継ぐと，そのたびに税金や自社株の買取資金などの資金負担が発生します。

　これが何代も続いていくと，後継者や会社が負担する資金の累積額は大変大きなものになります。

　そこで，自社株を相続が発生しない株主に安定的に所有してもらうことで，この負担を軽減することを考えることは重要です。株式を安定的に保有してくれる第三者を安定株主といいます。

　安定株主は，さまざまですが，未上場企業の場合には，従業員持株会や，中小企業投資育成会社などがあります。

　従業員持株会は，配当を受け取ることを期待して従業員が加入する組織です。従業員は個人なので，相続は発生しますが，通常は従業員の退職とともに，従業員が所有する株式を持株会が買い取るという仕組みにすることが多く，相続問題が発生する可能性は低いものです。

　ですから，従業員持株会の構成員である社員は変わっていきますが，全体でみると，従業員持株会が，自社株の一定シェアを継続的に所有する安定株主になります。

　中小企業投資育成会社は，上場支援を含めて，中小企業・中堅企業を資本面から支援する会社です。つまり，同族会社に出資して株主になり，経営をサポートするということです。なお，支援するのに際し，一定の配当を期待しています。

　中小企業投資育成会社は法人ですので，相続が発生することはなく，会社が一定の配当を継続していれば，安定株主として自社株を所有してくれることになります。

　ただし，ひとつ注意すべきことは，安定株主のメリットはあるものの第

三者が株主になることには変わりがなく，株主総会で議決権を行使することは当然です。

　この点については，従来から親族だけで経営してきた会社にとっては違和感が生ずることもありますが，基本的には経営陣に敵対する株主ではありませんので，過度に心配する必要はありません。

　※中小企業投資育成会社の詳細につきましては，東京中小企業投資育成株式株式会社のwebsiteをご参照ください（http://www.sbic.co.jp/）。

6．自社株を後継者に渡す方法

(1) 後継者の資金負担の観点からの検討

後継者に自社株を渡す方法は，わかりやすく分類すると次の3つです。

① 売る（譲渡）
② あげる（贈与）
③ 亡くなって渡す（相続）

なお，後継者個人に渡す場合には，上記3つの選択肢がありますが，自社や資産管理会社などに渡す場合には，売る（譲渡）という選択肢のみです。

どの方法が良いのかを考える場合に，**検討するポイントは，自社株を受け取る人の購入資金と税金の負担です。**

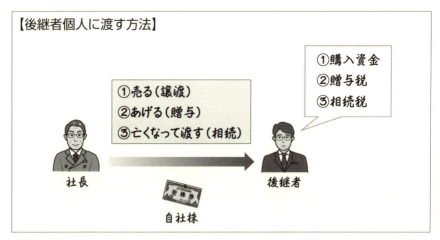

例えば，売る（譲渡）場合には，買う人（後継者もしくは法人）が購入代金を準備する必要がありますし，あげる（贈与），亡くなって渡す（相続）の場合には，受け取る人が，贈与税，相続税を納税しなくてはならな

いからです。

その会社の株価水準にもよりますが，株価が高いと一般的には個人間で贈与や譲渡で渡すことができる株数は限られ，全株式を渡すことは現実的ではありません。

したがって，個人間で自社株を渡す場合には，相続で渡すことを検討することが多くなります。

なお，相続の場合にも，相続人が相続税を納められないということも多く，その場合には，相続税の納税資金の捻出は会社が買い取る方法を選択することがあります。

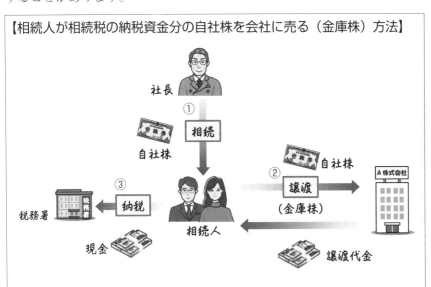

【相続人が相続税の納税資金分の自社株を会社に売る（金庫株）方法】

① 相続人が社長から自社株を相続
② 相続人は相続税の納税資金がなく，自社株を会社に譲渡（金庫株）
③ 相続人は譲渡代金を原資として，相続税を納税

次に，自社株を渡す相手が法人の場合です。

このケースでは，生前に自社または後継者が株主である資産管理会社に譲渡する方法などを検討します。

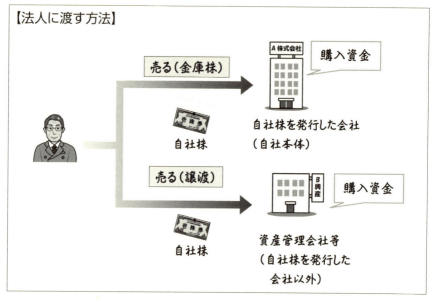

自社本体に譲渡する場合には，法人の自己資金で対応可能な場合もありますが，資産管理会社の場合には，自己資金での対応ができるケースは多くないと思われます。

いずれの方法でも，借入で対応する場合には，銀行に相談するというステップも必要になりますが，高額な自社株を個人で全て買う方法と比較すると，実現の可能性は高いといえるでしょう。

■まとめ■

　自社株を渡す方法，譲渡，贈与，相続の3つを単独で考える必要はなく，3つを組み合わせる方法も有効です。例えば，毎年，少額の株式を**贈与**しつつ，自社本体や資産管理会社に，ある程度まとまった数の株式を**譲渡**し，最後に残った株式を**相続**で渡すということを検討しても良いのです。

　つまり，自社株を取得する人が，必要な資金を準備できるかどうかが，優先的な検討事項であり，下の表で右欄に示した資金を後継者が準備できる現実的な方法を検討することが重要です。

【株式を渡す方法と後継者等の資金負担】

渡す方法	後継者や会社の資金負担
売る（譲渡）	購入代金
あげる（贈与）	贈与税
亡くなって渡す（相続）	相続税

88 第3章 事業承継対策で検討すべきこと

(2) 自社株を渡す方法ごとの税率

次に，後継者に自社株を渡す方法ごとの税率を比較します。

【自社株を渡す方法と税率】

渡す相手	渡す方法	課税関係	条件など
個人	①売る（譲渡）	20%	
	②あげる（贈与）	最高税率55%	非課税枠あり
	③亡くなって渡す（相続）	最高税率55%	基礎控除あり
法人	④自社に売る（金庫株）	最高税率55%	相続時以外
		20%	相続開始後3年10か月以内
	⑤自社以外（資産管理会社等）に売る（譲渡）	20%	

税率だけで見ると①の後継者個人に売る場合と，④相続時開始後3年10か月以内に自社に売る場合，⑤の資産管理会社等に売る場合の税率が20％であり，他の方法よりも低い水準になります。

しかし，税率が低い方法を選択しても，後継者が自社株を取得する資金を準備できるとは限りません。**自社株を取得する資金の捻出が可能かどうかということと税率のバランスを考えて，**自社株を渡す方法を検討することが必要ということです。

(3) 納税猶予制度の適用を受けて，自社株を後継者に贈与または相続で渡す方法

自社株を渡す方法のうち，贈与と相続については，各々，贈与税と相続税を納める必要がありますが，事業承継税制（納税猶予制度）の適用を受けると自社株を後継者に贈与する際の贈与税，または相続で渡す場合の相続税が，猶予または免除されます。

納税猶予制度は，要件が複雑ですが，簡単に図解をしましたのでご覧ください。

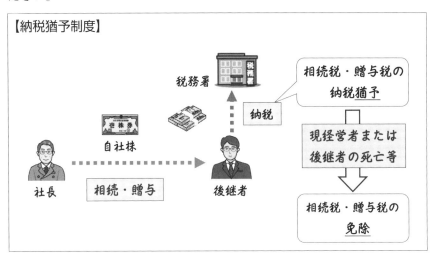

この制度の適用を受けるためには，さまざまな要件を充足し，適用を受けた後も定期的に当局に経過報告を実施する必要があります。

納税猶予制度の適用を受けない贈与や相続と比較すると，手続は煩雑にはなるものの，一定の条件を満たせば，自社株を渡す際の税金が猶予されたり，免除されるという大きなメリットがあります。

なお，納税猶予制度の対象となる自社株は原則制度では，**発行済株式の3分の2**ですが，2018年1月1日から2027年12月31日までは**特例措置**があり，**発行済株式の全てが対象**になりますので，**検討する価値は大きいと思います。**

株価の高い会社では，自社株を後継者に渡す時の税負担は大きく，社長が代替わりするたびに，その資金負担が発生すると，せっかくの内部留保を吐き出すことにもなりかねません。

従来，納税猶予制度の要件が厳しいせいなのか，この制度の適用を受ける会社の件数は多くありませんでしたが，上述のように特例措置期間中は，対象となる自社株が全株式となり，またその他の条件が緩和されたものもあるため，申請件数はかなり増加しています。

適用を受けるのかどうかは，各々の事情にもよると思いますが，自社株を渡す方法を検討する際には，ぜひお考えいただきたい方法です。

なお，適用要件は非常に複雑ですので，この制度に精通している専門家にご確認いただいた方が良いと思います。

※納税猶予制度につきましては，中小企業庁 website をご参照ください（http://www.chusho.meti.go.jp/zaimu/shoukei/shoukei_enkatsu_zouyo_souzoku.htm）。

⑷ 株価対策の考え方

　自社株を渡す時の資金負担は，株価によって決まります。後継者等の負担だけを考えれば，当然に，資金負担は小さい方が助かります。

　この資金負担を小さくするために，自社株の評価を下げることを株価対策といいます。

　株価対策はいろいろな方法があります。その会社がどの株価算定の計算方法を使用しているのかによって選択は異なりますが，会社の配当・利益・純資産などの数値を減らすことで，株価が下がります。

　（株価算定の方法は，P.197〜200をご参照）

　しかし，会社というものは，そもそも利益をあげて純資産（内部留保）を増やし，株主に配当することを目的とした存在なので，株価対策をして，会社の配当・利益・純資産を減らすということは，これに逆行することになります。

　ですから，自社株を渡すという一時の行為に対して，長期間にわたって会社にマイナスの影響が及ぶような株価対策は慎重に検討する必要があります。

　それでは，一般的によく考えらえている株価対策の例を説明します。

【株価対策の例】

［1］ 短期的な株価対策：社長の退職金支給

　社長の退職金を支給すると利益が減少するので，株価を類似業種比準価額方式で計算する会社の場合には株価が下がる要因になります。

　社長の退職金支給は，株価対策の目的で行うのではありません。社長に対して当然に役員退職金を支給した結果，株価が下がるので，経済合理性があり，かつリスクが低い株価対策方法といえます。

　なお，退職金支給の翌決算期以降は，通常の利益水準に戻るので，株価が下がる期間は限定的です。

［2］ 長期的な株価対策：不動産の取得

　会社が不動産を買って株価を下げるという株価対策方法がありますが，これは，純資産価額方式の計算をする場合に効果があります。

　会社が不動産を取得した時に，会社の貸借対照表に記載される不動産の価額は時価ですが，自社株の評価をする時には，土地は路線価をベースに計算し^{（※）}**，建物は固定資産税価額で評価します。**

　一般に，**土地の時価＞路線価，建物の時価＞固定資産税評価額**ということが多いので，この差額分について株価が下がるということです。

> ※不動産の取得から3年経過後まで，不動産は時価での評価であり，それ以降は土地は路線価，建物は固定資産税評価額での評価となるので，株価対策の効果が表れるのは不動産取得から3年経過後です。

　また，不動産を自社で使用するのではなく，**賃貸した場合には，貸家としての評価になり，自社で使用している時よりも評価額が下がります。**

●土地の評価額

次の図は，土地の評価額が減少する仕組みです。

土地の評価額は，取得から3年経過後は，取得時の10億円から，路線価の8億円に下落します（路線価は，時価の80％として計算）。つまり2億円の資産が減る（＝純資産が2億円減少する）という影響があります。

さらに，その不動産を賃貸した場合には，貸家建付地の評価になり，評価額が下がります。計算式は慣れてない方には，複雑なので覚える必要はありませんが，不動産は，**自分で使用している状態よりも賃貸した方が，評価額が低い**ということだけご理解ください。

図の例では，通算で10億円－6.56億円＝3.44億円分，土地の評価額が下がり，その価額分の純資産が減少し，株価が下落するということです。

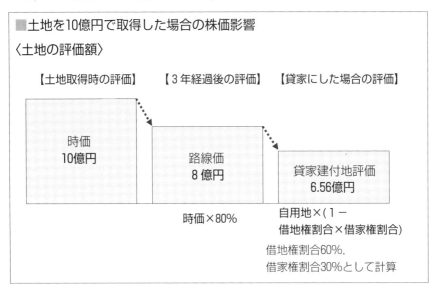

● 建物の評価

　建物の評価も同様の考え方です。建物の取得から3年経過後は、取得時の時価5億円から固定資産税評価額の3.5億円に評価額が下がります。

　（固定資産税評価額は概ね時価の70％として計算）

　そして、建物を賃貸した結果、貸家評価の2.45億円になります。

　つまり、通算で、2.55億円分、建物の評価が下がり、その価額分の純資産が減少し、株価が下落するということです。

　図のように、高額の不動産を取得した場合であれば、株価が下がる効果が大きいのですが、不動産を購入するためには、大きなリスクもあります。

　不動産の購入に際しては、購入資金を借入することが多いので、賃貸物件の場合には賃料で返済できるように入居率を維持する必要がありますし、不動産を所有している期間は、不動産が下落するリスクを負っているとことになります。

　つまり、この方法は、株価対策の実施影響が長期にわたるため、長期間、会社の財務内容に影響を与えることになるのです。

株価対策の効果はあるものの、長期にわたってリスクを負うことが本当に良いのかどうかを、慎重に検討をする必要があるということです。

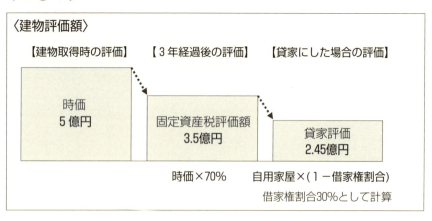

7. 検討をサポートする専門家の役割分担について

　事業承継対策を検討する場合，社長から「誰に相談したらいいのかわからない」という悩みを聞くことがあります。

　事業承継対策で検討すべき項目は多岐にわたるので1人の専門家が完結できるものではありません。

　それぞれの得意分野を持った専門家が，役割を分担して，事業承継のサポートをすることが大切です。

　具体的には，税理士，コンサルタント，弁護士，中小企業診断士，銀行員などの方々が対象になります。ただ，各々の専門家がバラバラに検討をしても対策の全体像が見えず，効果は低いですし，また専門家と社長が個別に打ち合わせをしても効率が悪いものです。

　ですから，専門家の中で事業承継対策の知識と経験が豊富な方が，これらの専門家を事業承継対策チームとして取りまとめて，定期的に一堂に会して社長との打ち合わせを開催することは有効な方法です。

　なお，専門家と社長との相性という点も考慮する必要があります。もし，社長が特定の専門家と，相性が悪くてスムーズな話し合いができないという状態になった場合には，交代していただくこともあり得るということを考えておかなくてはなりません。

　専門家の交代については，社長が判断されることですが，もし，社長とある専門家との相性が悪いと提案者が感じたら，相性が悪い専門家は交代していただくのは問題がないことを社長にお話しいただくのが良いでしょう。

　筆者がお会いした社長は，事業承継対策の検討をしている間に5年が経過しており，その間に，税理士さんが3名，弁護士さんが2名交代になっ

ていました。各々の専門家が悪いというわけではなく，単に社長との相性ですので，合理的に割り切って考えれば良いと思います。

第4章

提案の心構えと内容

◆知識やテクニックよりも心構えが大切

これまで，社長の心情や事業承継対策で検討すべきことなどについてご理解いただいたと思いますが，知識や「営業トーク」のような小手先の会話のテクニックがあるだけでは社長が心を開いてくださることはありません。

◆社長に喜ばれる提案を考える

社長にとって価値のある事業承継の提案とはどのようなものでしょうか？
ここでは，詳細なスキームではなく，提案の方針について説明します。
提案者のみなさまが，実際に提案を作られる立場ではないかも知れませんが，会社の本部スタッフや，他社の専門家などと協働で提案することはあるでしょう。
その際に，社長にとって好ましい提案なのかどうかは，提案者のみなさまの目でジャッジしていただくことが必要です。専門家が作成した提案書だとしても，好ましくない提案であれば，修正を依頼して，好ましい提案に導くことが大切なのです。

本章では，まず，社長と実際にお話をする際にどのような心構えが必要かということについて説明し，次に，社長にとって好ましくない提案と好ましい提案について説明します。

1．提案の心構え

(1) 事業承継の話をするのは，会社の存続，発展のための お手伝いであること

　提案者が，お客様である社長と事業承継の話をするのは，自分たちのビジネスチャンスにつながるという目的があることは，事実でしょう。

　会社は利益を上げなければならないので，ビジネスチャンスを目指して社長と話をするのはビジネスマンとしては，正しい行動です。

　そして，社長もみなさんが慈善事業で事業承継の話をしに来ているのではないことは十分わかっています。

　とはいえ，事業承継は社長にとって一生に一度の重要な課題解決であり，みなさんのビジネスチャンスのために行うのではありません。

　少し厳しい言い方かもしれませんが，**社長は自分が商売上，食いものにされたくない**と考えているということです。

　社長は誰とでも事業承継の話をするわけではなく，自分の会社の存続，発展の問題解決について，自分の会社のことを最優先に考えて相談に乗ってくれる人と話をしたいと考えています。

　これは，日頃，顧客の経営状態をよく理解して，支援している金融機関の方だからといっても，例外ではありません。

　ですから，ここでもう一度，みなさんがなぜ事業承継の話を社長としたかったのかを思い出していただきたいのです。

　事業承継の話をする目的はビジネスチャンス以外にも，お客様の会社が発展することを願う気持ちがあったはずです。

　しかし残念ながら，商売熱心なビジネスマンは，この気持ちをしばしば忘れてしまうのです。

大切なことは，社長と事業承継の話をする時には，自分たちの利益を優先に考えるのではなく Client first（顧客第一主義）に徹し，お客様の会社が存続，発展するためには，どうしたらいいのかということを，社長の悩みを聞きながら，考えることです。

社長の気持ちに寄り添って，会社の将来について一緒に考えていくことで，良い解決案に結びつくことになり，最終的に感謝されれば，ビジネスチャンスは必ず存在しますし，長期的に良好なリレーションを構築することも可能です。

目先の利益を追い求めると，社長からは信頼されず，ビジネスチャンスも得られないという残念な結果になりますので，ご注意ください。

(2) 事業承継対策の話をするのは，「引退宣告」であると理解する

　社長というのは，経営をしていることが，一番楽しい人たちです。

　そんな社長に，社長を辞めろというのは，とても残酷な話なのです。

　みなさまが，何気なく，もしくは，「何かのビジネスにつながればいいな」という軽い気持ちで社長に事業承継の話を切り出したとしても，社長にとって，それは**社長に対する引退宣告**という重いテーマであることを十分に理解しなくてはなりません。

　みなさまの会社の上司や先輩が，定年退職で会社を去る時の表情をご覧になったことがあるでしょうか。「もう，辞めてのんびりしたいよ」と言いながら，寂しげな表情をされることが多いものです。

　会社員は，定年というものが決まっていますので，心の準備をする期間があるのにもかかわらず，そんな状態になるのです。

　社長の場合には，定年があるわけではないので，いつ辞めるべきなのかは社長自身も決められないで悩んでいるのに，ある日突然，営業で来られた提案者に「引退宣告」をされたら，社長がどんなお気持ちになるのか想像できるのではないでしょうか？

　事業承継の話をすると，不機嫌になられる社長もいらっしゃいますが，それは，このような突然の引退宣告が原因になっていることも多いのです。

　この考えを念頭に置いていただければ，社長にどのように話を切り出すべきかということが少し見えてくるのではないでしょうか（P.130の「話を切り出す時の会話例」ご参照）。

(3) 社長の良き相談相手になること

　社長が事業承継対策で何をしなくてはならないのか，理解されている
ケースは多くありません。

　しかし，漠然と誰を後継者にしたらいいのか？とか，いつ頃バトンタッ
チしようか？とか，弟が持っている株は買い取らなければならないなど断
片的に考えている状態にあることは多いものです。

　まずは，そのような社長の悩みを聞いて，一緒に方向性を考えてあげる
ことが大切です。

　例えば，後継者を誰にするのかという問題については，社長自身がすぐ
に結論を出せるわけではありません。ただ，この問題を社内の誰かに相談
するわけにはいかないので，悩みを相談する相手が必要です。そんな時に
提案者のみなさんが，その役割を担うべきなのです。

　**問題点について，回答を出してあげることだけが，提案者の役
割ではなく，悩みを聞いてあげることも，社長の頭の中を整理
する上で，とても役に立つものなのです。**

　また，具体的な対策方法について話が進んできた場合，提案者が解決で
きないことはたくさんありますが，それを心配する必要はありません。

　事業承継対策は1人の専門家で解決できる問題ではありませんので，提
案者が解決できない時は，解決できる専門家を連れてくればいいのです。

　金融機関の方は，税務対策の説明ができないと，社長のお役に立ったと
いう感覚が持てない方が多いようですが，逆に税理士さんからすれば，会
社の方針や経営体制，資本政策など会社の経営全般にかかるテーマについ
てのディスカッションは得意でない方が多いので，そこは役割分担だと
思って，金融機関の方が対応されるとより良い結果になります。

　つまり，回答を出せなくても，一緒に悩んであげたり，詳しい人を連れ

てきたりすることだけで喜ばれるものです。

　ぜひ，そのような社長の良き相談相手になることを目指してください。

⑷　事業承継の話をすることの苦手意識を排除する

　多くの提案者のみなさまは，事業承継については苦手意識があって，社長と何を話せばいいのかわからず，なんとなくディスカッションをすることが億劫になっていることが多いのではないでしょうか。

　前述のとおり，事業承継対策とは後継者にバトンタッチした後も企業が存続，発展するように経営体制を整える手続です。

　そこで，**事業承継は後継者に会社をバトンタッチするという事業計画である**と考えればどうでしょうか？

　例えば銀行の方は，運転資金の融資を行う際に，短期的な業績計画をヒアリングするでしょう。

　そして大がかりな設備資金の融資の場合には，長期的な事業計画だけでなく，その会社の業績の将来像を思い描き，社長の経営手腕，経営体制などの定性面の分析も行っているはずです。

　事業承継も事業計画の一部であると考えれば，通常行っている業績計画のヒアリングと同様に，後継者の選定や育成，役員や株主構成なども将来の経営体制という位置づけで，ヒアリングをするだけのことなのです。

　提案者の意識の中に，事業承継の話をすることは，通常の社長との会話とは全く別次元のものという固定観念があり，事業承継対策のディスカッションに恐怖心を抱いていることは大きな問題ですが，このように事業承継は事業計画の一部だと考えれば，そのハードルが下がるのではないでしょうか？

　話し方には慎重さが求められます。苦手意識があると，話し方も萎縮してしまい，社長から信頼を得られないので，まず苦手意識を排除して面談

に臨むことが大切です。

なお，**社長への話の切り出し方**については，P.130で詳しく解説します。

提案の心構え

一、事業承継の話をするのは、会社の存続、発展のためのお手伝いであること

一、事業承継対策の話をするのは、「引退宣告」であると理解する

一、社長の良き相談相手になること

一、事業承継の話をすることの苦手意識を排除する

2．好ましくない提案とは？

⑴　計算上，効果はあるが，経営上はリスクもある提案

　株価が高い会社は，自社株を渡す時の後継者等の資金負担を減らすために，株価対策を行うことがあります。

　もちろん，それ自体が悪いわけではありませんが，株価対策のために多額の資金を使うことは会社にとってリスクを生むことになり注意が必要です。ここで，計算上は正しいものの，会社経営上のリスクについて検討が不足していたという提案について説明します。

【事例：株特対策で50億円の不動産を買いましょうという提案】

　事例をご理解いただくために，まず，「株特」の説明をします。

　会社の財産に占める株式の割合が高い場合には株価の計算上，株価が割高になってしまう場合があります。

【株式保有特定会社】

　具体的には，会社の総資産に占める株式の保有割合が50％以上の会社を**「株式保有特定会社」**略して**株特（かぶとく）**といいます。株式保有特定会社に判定された場合には，原則，自社株は純資産価額方式で算定され，通常よりも割高な株価になることがあるため，株特に該当しなくなるような株価対策の提案がよく行われています。

　通常の事業を行っている会社は総資産の50％が株式というケースは多くありません。株式保有特定会社は資産管理会社，持株会社などにみられるケースです。

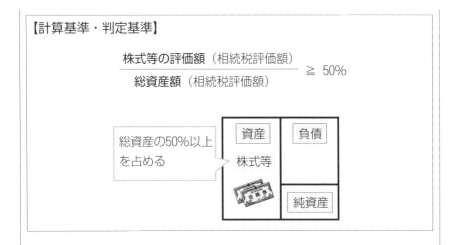

　株式保有特定会社に該当しないようにするためには，総資産の内の株式を減らすか，他の資産を増やすかのどちらかですので，一般に不動産などの資産を増やすという提案が多く見られます。

　例えば，一般の賃貸不動産を買う場合もありますし，事業会社本体が所有している賃貸不動産などを資産管理会社が買い取る方法もあります。

　不動産を取得して，株式保有特定会社に該当しない状況になり，株価が下がれば，その株価対策は，「**計算上は正しい**」ということになります。しかし，株式保有特定会社に該当しないために，50億円の不動産を取得しなければならないとしたらどうでしょうか？

　不動産は下落する可能性もあり，また賃料が確保できないというリスクもあります。

　さらに，賃料によるキャッシュフローで返済が可能だとしても，返済期間中は，借入が多くなったままの状況です。

　事業本体の業績は良い時もあれば悪い時もあります。業績が芳しくな

い時に，銀行から借入過多と判断されると，運転資金や設備資金の調達への影響も懸念されます。

つまり，計算上成り立つ対策方法だとしても，経営上のリスク全体を検証した上での提案が必要だということです。

なお，株式保有特定会社に該当しないようにする提案は，税務上のリスクがありますので注意が必要です。

財産評価基本通達には，**合理的な理由がなく，資産構成を変動して株特外しをした場合は，その行為が否認される**という記載があります。

下記に税務通達を記載しましたが，わかりにくいかもしれませんので，解説します。

ある会社が株式保有特定会社に該当した場合，株価が割高なので，それを免れるために株式保有特定会社ではないように資産構成を変更したとします。その時に，**株式保有特定会社にならないというだけの目的で対策をした場合，資産構成の変更は認めません**ということです。

会社が事業活動を行う上で，資産構成が変化することはあり，通常の事業活動の結果，株式保有特定会社から外れれば問題ありませんが，株式保有特定会社ではない状況にするためだけ，つまり**節税目的だけで不動産取得をした場合には，その変更は認められないのです。**

株価対策目的で不動産を購入しても，効果がないということになる大きなリスクがあることを十分にご理解ください。

【株特外しが否認される根拠】
●財産評価基本通達189（抜粋および編集）

なお，評価会社が，株式保有特定会社または土地保有特定会社に該当

する評価会社かどうかを判定する場合において，課税時期前において合理的な理由もなく評価会社の資産構成に変動があり，その変動が<u>株式保有特定会社または土地保有特定会社に該当する評価会社と判定されることを免れるためのものと認められるとき</u>は，その変動はなかったものとして当該判定を行うものとする。

(2) 近視眼的な提案―高齢な社長の自社株を現金化する提案

　社長が所有する自社株を，後継者が出資する持株会社に譲渡して現金化するという提案はよくあります。

　これ自体が問題であるということではありませんが，このスキームは，自社株を持株会社に譲渡して，譲渡代金に約20％の課税がなされた後に，また譲渡代金から納税額を差し引いた残額に相続税が最高税率で55％かかることになります。

　この提案は90歳の社長に対して実施するのと60歳の社長に対して実施するのでは意味が異なります。

　60歳の社長の場合は，今後，株価が上昇する可能性がある会社であれば，早期に自社株を現金化しておくのはメリットがあります。

　しかし，90歳の社長の場合には，一般的にその寿命を考えれば，株価が変化する期間が短く，今後の株価上昇のリスクは低いと思われます。

　自社株は相続で渡し，納税資金が不足する部分だけ，金庫株で納税資金を捻出する方が，生前に譲渡するよりも税負担は小さいと考えられます。

　もちろん，子供が1人ではない場合に，確実に後継者に自社株を譲渡したいという考えであれば，譲渡することは間違いではありません。

　しかし，税負担の面では，持株会社の活用は社長の年齢が大きな要素となることを考慮に入れて提案する必要があります。

■自社株譲渡の際の所得税と譲渡代金を相続した際の相続税発生

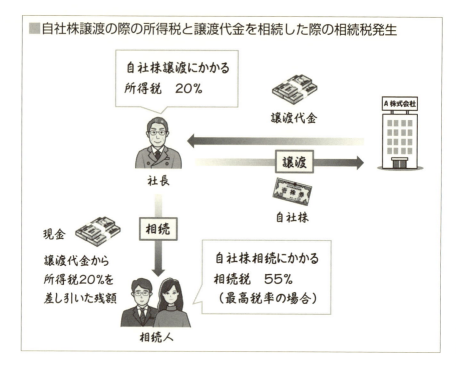

(3) 株価だけに着目している提案

　会社が事業を継続していれば，一時的な損失発生などで，株価は下落することもあります。

　確かに，自社株の移転コストだけを考えれば株価が低いことは好ましいのですが，問題は，株価のことのみしか考えておらず，後継者の育成状況や後継者が経営する会社の体制の準備ができているのかという視点が欠けているのではないかということです。

　事業承継＝税務対策ではなく，会社の存続，発展を考えるべきことだということはすでにご説明したとおりですが，後継者が育ってもいないのに会社（自社株）を渡してしまったら，その会社の将来はどうなるのでしょうか？

一時点での株価や税金だけではなく，会社経営全体を考え，長期的な視点で提案する必要があります。

⑷ 節税ブームに乗った提案

例えば，一般社団法人への自社株譲渡やタワーマンション節税など，節税ブームに乗った提案は，内容は違いますが，その時代ごとにいろいろなものが存在しています。

「究極の事業承継対策」「税金ゼロの相続対策」などのタイトルで専門家と称した方がセミナーを行ったり，ネットにも節税効果をアピールしている記事がたくさん存在します。

専門家と言われている方のアドバイスですから，それを信じて，そのスキームを実行された方もいるようですが，冷静に考えれば，少なくともこの**日本において，極端に節税ができるようなスキームが見直されないはずはありません。**

多くの社長は会社が発展するためには，多少の税金を払うことは仕方がないと思っているものです。また，節税にフォーカスした提案には嫌悪感を抱く社長もたくさんいます。

事業承継対策は節税対策ではありません。そもそも事業承継対策とは何をすることなのかを再度確認されて，このような提案は絶対にしないでいただきたいと思います。

⑸ セオリーを押し付けた提案

事業承継を考える時に，一定のセオリーというものが存在します。

例えば，自社株は子供たちに均等に分けるのではなく，後継者や経営に関与する親族に渡すべきであるとか，自社株が親族などの株主に分散している場合には，経営安定化のために買い集めましょうというものです。

この考え方は，多くの企業にあてはまるものなので，セオリーということができます。

しかし，これらは，あくまでもセオリーであって，全ての会社に最善の方法とは限りません。

セオリーを選択することが正しいのではなく，社長がやりたいことが答えであるということです。

それでは，セオリー通りではない状態にあるけれど，経営がうまくいっているケースについてご説明します。

まず，セオリーに反して，あえて自社株を親族に分散している会社についてご説明します。これは老舗企業にみられるケースです。

老舗企業は，自社株の評価がかなり高い場合があり，社長から後継者への1対1の関係で自社株を渡すことは，後継者にとって，資金負担が大きいものです。

そういうケースでは，子供たちに自社株を分散して贈与や相続で自社株を渡していくことを考える場合があります。

自社株を子供に分けて渡していくと，株主の関係は兄弟からいとこへと変化し，株主の人数も増加します。

そうなると，社長から後継者への1対1の時と比較して，自社株を受け取る人，1人あたりの税金などの負担は小さくなります。

つまり，後継者1名が社長から自社株の100％を引き継ぐ際の資金負担を負うのではなく，複数の子供に渡すことを繰り返すことにより，経営に関与しない複数の株主も含めて贈与税や相続税を分担するということです。

老舗企業には，経営に関与しない人も含めて一族で自社株を所有して会社を守っていこうという特有の考え方もあるのです。

他にもセオリーと言われるものはたくさんあります。

そして，セオリーとは異なるものの，その会社にとってはベストと思わ

れる方法を実践している会社に対して，事情を聞くこともなく「それは，間違いです」という提案をすることは，経営者にとって違和感があるどころか，そのような提案者とはお話ししていただけないのです。

【事例：株式が経営に関与しない親族に分散しても親族でうまく経営しているケース】

　先祖代々，相続発生の際に自社株を子供たちに均等に分けてきた結果，株主数が大幅に増加し，株主が50人以上になった老舗企業がありました。

　通常であれば，配当がたくさん欲しいなどの文句を言う株主が出てくることもありますが，この会社の場合には，株主総会の人数は増えましたが，一族の結束力は固く，株主総会は和やかなムードで行われていました。

　経営に関与しない一族も，みんなで株主として会社を見守り，経営陣に協力しているのです。

　もちろん，経営にタッチしない株主が会社の味方であり続けるというのは簡単ではありませんので，この会社の場合には，親世代の会，子世代の会，孫世代の会と称して，親族が世代ごとに，毎月食事会やカラオケなどの集まりを開催し，時には旅行などに行って親睦を深め，親族で会社を守っていこうと努力していたのでした。

　そこへ，ある金融機関が「御社は自社株が親族に分散して，今後の経営に不安がある。分散株式を集約しなくてはいけません！」という提案をして社長の逆鱗に触れてしまいました。

　その会社の実態を知らずして，表面的な理解だけで，セオリー通りの提案をしてしまった末路です。

(6)　小さな会社に対する複雑な提案

　事業承継対策において，いろいろテクニックを駆使した結果，税務的な効果が生まれるスキームがあります。

　提案者には，こういうテクニックに走る方がいますが，全ての社長がそのようなテクニカルな提案を理解されるとは限りませんし，また仮に理解できるとしても好まれるとは限りません。

　大きな会社の場合には，社長だけでなく，経理・財務の担当者が複雑なスキームを理解して，検証し，実行に移すということもあると思いますが，小さな会社の場合には，社長1人で理解しなくてはならない場合が多いので，その負担は大きいものです。

　さらに，一般的には，事業承継対策のスキームは社長と専門家の間で決めるので，後継者はその経緯を知らずに承継することが多く，後継者は事業承継が終わったあとに，なぜこのようなスキームを実行したのかわからないという状況に陥ることがあります。

　つまり，複雑な提案が会社のためになっていないこともあるということです。提案者は税務対策上で優れた複雑なスキームがいいと考えて一生懸命考えることがありますが，提案者の自己満足である提案を，社長に押し売りしてはいけないということをよく理解してください。

(7)　問題解決を先送りにする提案

　事業承継の提案にはいろいろありますが，「社長が亡くなったあとに会社が金庫株（社長の株式を会社が買い取る）をすれば大丈夫です。」とか「社長が長生きされることが事業承継対策です。」という提案に筆者は遭遇したことがあり，これは一度や二度ではありません。

　社長が長生きすれば事業承継対策になるなどというのは，全く論理が破

綻しています。こういう提案は，問題解決を先送りにしているだけの話なのです。

たしかに，社長の自社株を生前に会社が買い取った場合には，自社株を売った社長は，所得に対して最高で約55％の課税を受けるのに対して，社長が亡くなったあとに会社が買い取る場合，相続開始から3年10か月までは，特例により20％で済むというメリットはあります（P.88ご参照）。

しかし，社長が亡くなる時の株価水準はわからないので，相続発生時に今よりも株価が高い場合には，自社株を買い取る会社の負担は大きいでしょうし，自社株を買い取る資金を借入する場合，それができるかどうかは，その時の業績次第です。

また，社長の相続人が会社の経営にタッチしていない場合には，相続人は，その時の経営陣と自社株の買取りについて交渉しなくてはならず，簡単ではないことがあります。

将来，社長が亡くなって金庫株をするという方針であれば，それを取締役会や株主総会で決議しておくなど計画的に対策を実行しておくことが大切で，「将来のことは，その時考えましょう」というような提案は，非常に安易であり，会社にとっては大きなリスクを抱えているものだと理解してください。

(8) 税制改正の影響を考えていない提案

税制改正は毎年行われていますが，事業承継のスキームは数年にわたって実行するものもあります。

株価対策に生命保険を活用する場合で説明します。

生命保険料が損金算入されることで，短期的には利益が減少し，また長期的には純資産の増加も抑制することで株価対策になるという方法ですが，これは長期間にわたって生命保険料を払うことで，株価対策の効果が実現

するものであって，短期間に大きな効果が出るものではありません。

例えばその間，税制改正によって，保険料が損金算入されなくなるような場合には，生命保険に加入したことによる株価対策の効果はなくなることになります。

もちろん，生命保険本来の保障という効果はありますので，それ自体は有効ですが，本来の目的と考えていた株価対策としての生命保険加入としては，目的を果たさなくなります。

つまり，提案の時点とは異なり，将来の税制改正でメリットがなくなる可能性もあることを事前に説明しておくことが必要です。

特にブームになった対策スキームほど，税制改正の可能性は高まるものだということも重要なポイントです。

⑼ メリットばかりを強調する提案

事業承継の方法はさまざまで，各々にメリットとデメリットがあります。また，ある会社にはデメリットでも別の会社にとってはメリットであることもあり，簡単ではありません。

しかし，メリットしかないように書かれている薔薇色の提案書をお客様のところで拝見することがあります。これは，社長のことを考えていない，大変残念な提案です。

提案においては，まず，一般的なメリット・デメリットを説明し，その上で，その会社はどの部分をメリット・デメリットと感じるのかをヒアリングした上で，方法論を考えていくことが必要です。

また，提案を聞く社長はどうしてもメリットの方を強く意識してしまう傾向がありますので，**どちらかと言えば，デメリットの方を強調するくらいのバランスでちょうどいい**と思われます。

3．好ましい提案とは？

(1)　社長にとってわかりやすい説明であること

　事業承継対策の提案をしていて，税務面の説明をする場合には，専門用語を多用してしまうことがあります。

　また，事業承継対策のスキームを説明する場合，正確な説明を目指すあまり，詳細な説明や難解な計算過程を示すことがあります。

　実は，提案者としては，専門用語を使用したり，難解なまま説明する方が楽なのですが，社長がそれを理解することは簡単ではありません。

　提案者には，いったい誰のための提案なのかということを，再度考えていただきたいと思いますが，それは，もちろん社長のためです。

　難しいものを，難しいままに話すのではなく，社長が理解できるように噛み砕いて説明することが大切です。

　そして，時には，あえてスキームの詳細な説明は省いて，結果だけご説明することも良い方法です。

(2)　事業承継対策で検討すべきことの全体像を説明し，スケジュールを検討する提案

　事業承継対策で検討すべきことは多岐にわたりますし，簡単に答えが見つかるものではありません。

　社長の頭の中では，検討しなくてはならないものが，ぐるぐる回っているものの，整理されていないということが多いのです。

　しかし，それでは対策は前に進んでいかないので，提案者としては，検討すべきことの全体像を示し，何をいつ頃までに決めるべきかというスケジュールも検討することが大切です。

116　第4章　提案の心構えと内容

　もちろん，決めたスケジュールのとおりに進行するものではありませんが，日常業務でお忙しい社長は，ついつい事業承継のことを後回しにしがちなので，提案者が進捗を管理していくことは大切です。

⑶　会社の内容を把握した上での提案

　会社の現状分析と問題点を浮き彫りにしなければ，事業承継対策は提案できません。

　事業承継対策の提案を考える時には，その会社の事業内容や業界での地位，会社が今後どのように発展するのかという将来像や，後継者や役員，株主の状況を理解することが優先事項であり，その理解なくしては，具体策検討の話にまでたどり着きません。

　手順としては，まず決算状況，業績見通し，株主構成，取締役会の構成など，できる限り多くのデータから状況把握を行い，事業承継対策においての問題点や社長が悩んでいるであろうことを想定して整理することから始めます。

　その中で，特に決算状況や業績見通しというのは，事業承継対策の方法を考えるのに重要な判断材料になります。

　まず，経営をバトンタッチするタイミングです。

　業績が落ち込んで立て直しを図る時よりは，業績の良い時の方が後継者にバトンタッチするタイミングとしては，スムーズです。

　次に，自社株を渡す方法を考える時にも業績見通しは影響します。

　これからも業績が安定しているのであれば，会社が借入をして，社長が所有する自社株を会社が買い取るという提案もできるとは思いますが，現在は業績が良く，株価が高いものの，業界としては先行きが不透明であり，自社株を買い取るための資金を借入することは将来に負担を残す可能性があると考えれば，自社株を渡すコストを抑えるために贈与や相続で自社株

を渡す際に納税猶予制度などの提案が考えられます。

そして，株価対策を検討する場合にも，業績見通しは影響します。

今後，長期的に業績が上向きという予想であれば，株価上昇前に自社株を早期に渡すか，株価対策をすることが有効ですが，業績が今後下り坂であれば，あわてて自社株を渡す必要もありませんし，あえて株価対策をしなくてもいいという考え方も成り立つからです。

また，現在の役員や株主構成の状況は，後継者を検討する場合に，重要な判断材料になります。

例えば，すでに複数の子供が取締役になっている場合，一つの会社を兄弟で経営することは，スムーズにいかない可能性もあります。

その場合，そのデメリットをご説明して，会社を分割して，兄弟1社ずつ経営をするというご提案をすることも考えられます。

この場合，もし事前に役員や株主構成の状況を把握せず，やみくもに長男を後継者としてバトンタッチするというような提案をすると，社長には違和感が生じます。

会社の情報収集をしっかり行っておけば，社長と目線が合う良い提案をすることができるということです。

(4) リスクを分散させる提案

株式を譲渡するのか，贈与，相続で渡すのか，どれが良い方法なのかということは，条件が異なるので一概には言えません。

株式を渡すコストの面で考えてみると，株式を譲渡，贈与をした後に株価上昇（下落）の可能性があることや，相続の場合には発生時期が不確定であるため価額水準が低いタイミングで渡すことができない可能性があるということです。

例えば，株価が上昇局面と判断し，後継者に早期に譲渡したとします。

しかし，実際に相続が発生した時には，譲渡の時よりも株価が下がっていることもあり，その場合には早期に譲渡したことがデメリットであったということになります。

したがって，全株式を譲渡するというように，一つのスキームに偏ることは，大きなメリットが得られる可能性がある一方で，大きなリスクも負うことになります。

これに対処するためには，複数のスキームを組み合わせてリスクを分散することです。どの方法が得かという考えではなく，いろいろなスキームを組み合わせることでリスクを分散するということです。

それでは，譲渡，贈与，相続の組み合わせで考えてみます。

まず，少額の自社株を暦年贈与で渡していく方法をとれば，その部分は非課税，もしくは低い税率で渡すことができます。また，長い期間で贈与することによって，株価変動のリスクを緩和することも可能な方法です。

ただ，少額の株式を暦年贈与で渡していくだけでは，社長が所有する全ての自社株を渡すことができないので，残りの自社株については，譲渡と相続を組み合わせます。

譲渡と相続の割合については，前述のとおり，業績見通しが影響します。今後，株価が上昇する場合や，何らかの要因で株価が下がったと思われる時期に早期にまとまった自社株を譲渡することは有効ですが，今後業績が下落する見通しであれば，慌てて譲渡するのではなく相続で渡す割合を多くした方が得策ということです。

このように，複数の方法を組み合わせることにより，リスクを分散することが実現でき，またその方法により，自社株を取得する後継者の資金負担の発生時期も分散することができます。

提案者としては，お客様の存続，発展を願うという立場なのですから，リスクを減らすことを重要視していただきたいと思います。

⑸　全ての選択肢を説明し，選んでいただくこと

　社長から会社の情報を教えていただき，状況把握ができたところで，考えらえる選択肢を全て洗い出します。

　その中で，提案者の判断としては，どれが会社にとって良い提案なのかを考えることは当然ですが，提案者が最良の方法だと判断したものだけ提案するのではなく，社長には**全ての選択肢を提案すること**が大切です。

　なぜなら，例えば，提案者が税務対策的には効果の高い方法が良いと考えた提案をしたとしても，経営者の視点から社長はその方法を選択しないということもあるからです。

　先入観は避けて，全ての選択肢から社長に選んでいただくことが必要です。

第5章

社長と面談した時にどうするか？

◆実際に面談した時にどうしたら いいのでしょうか？

第4章で，社長と事業承継のディスカッションをする際の心構えと，

どんな提案をしたらいいのかということはご理解していただいたと思います。

ただ，それだけでは，社長にどのように事業承継の話を切り出していいのか，具体的な会話方法がわからないと思います。

この章では，社長と面談をした時にどのように話をしていくのかということについて説明します。

みなさまが，社長のところへ訪問した時の状況を想像しながらお読みください。

1．面談の基本的事項

(1) 事業承継の話をしていいのかということを，まず社長に確認

　それでは，これから提案者のみなさまがお客様である会社を訪問し，社長室に案内された状況だと思ってください。

　社長は事業承継のことを誰かに相談したいと思っていても，相談相手は少ないものなのです。

　だからといって，社長はどんな人からでも事業承継の提案を受けたいのではありません。

　自分の会社の存続と発展を最優先に考えてくれる人には，信頼して話をしたいと考えているのです。

　しかし，提案者のみなさまが，社長から見て事業承継のディスカッションをしたいと思う存在なのか，ご自身では判断ができないでしょう。

　ですから，まず，提案者は事業承継のことについてディスカッションをすることを，社長としてはどのようにお感じになるかということを聞いてみるのがいいのです。

　ここで，社長が「まだ事業承継の話はいいや」と明確におっしゃったり，また社長の顔が曇ったりした場合には，その話題を続けるのは得策ではありません。

　筆者は，まだこの仕事を始めたばかりの頃，社長のために一生懸命考えてきた提案を，なんでもかんでもご説明すればお役に立てると思い，どんどんお話ししていましたが，一度，**「誰が私に事業承継の提案をしてもいいと言ったのか？」と怒られた**ことがありました。まだ，事業承継対策のことなど考えたくない社長の気持ちをよく理解せず，心に土足で踏み込んでしまったという失敗です。

こんなことにならないように，まずディスカッションをさせていただいてもいいのかどうかを確認してください。そういう気遣いをすれば，その段階で怒られる可能性は低いと思います。

なお，その質問をした結果，その時点では，事業承継のディスカッションをしないということになった場合でも，もし社長が検討したくなった時に，提案者としてはどのようなお手伝いができるのかを説明しておくことは大変重要です。

これは，何かあったら一番に相談してくださいという状態を作っておくということで，もし提案者が社長から信頼をされていれば，社長が事業承継対策の検討をしようと考えた時には声がかかるでしょう。

(2) 言葉遣いを慎重に

事業承継のディスカッションをする場合，社長のリタイアや相続の話をすることは避けられません。

社長としても，事業承継のディスカッションをすると決めて話し始めたとしても，「社長が辞めたら」「社長が亡くなったら」などという言葉を事務的に話されると気分がいいものではありません。

特に，提案者のみなさまが，かなり若い場合に，社長は「あなたに，そんなことを言われたくない」と心の中では思ってしまうのです。

では，どうしたらいいのかというと，**社長のことを傷つけないように，婉曲的な表現で話すこと**です。

124 第5章 社長と面談した時にどうするか?

【具体例】

◆ダメな例

「社長が**辞めたら**……」

◆良い例

「**将来**，社長が事業をバトンタッチされた時に……」

「**縁起でもありませんが**，社長に**将来**相続が発生した時に……」

　このように，表現を婉曲的にすると，印象が全く変わります。

　これは，一例ですので，全てを網羅してご説明することはできませんが，**辞めたくない社長の心情を察して，社長を傷つけない優しい表現は何か**と考えて，一つひとつの言葉を選んで話すことが大切です。

　その意識を持ち続けていれば，正しい表現でお話をすることができるでしょう。あまり，難しく考える必要はありません。

(3) 将来の会社の発展のために，事業承継のディスカッションをしたいということをわかってもらう

　会社を辞めたくない社長に事業承継の提案することは，お怒りを買う可能性もあり，提案者のみなさまにとって，気持ちの上でのハードルは高いかもしれません。

　社長がお怒りになる理由は，提案者から会社を辞める話をされたくないということと，提案者が「事業承継対策で何かビジネスチャンスを得たいので提案をしに来ている」と感じてしまうことです。

　したがって，提案者としては，真に将来の会社の存続，発展のために，事業承継のディスカッションをしたいということをわかってもらうことが必要です。

事業承継対策の検討事項は多岐にわたり，バトンタッチまでの時間があれば，いろいろな対策方法を検討できますが，時間がなくなると選択肢は減ってしまい，会社の存続，発展のための最良の方法を選択することができないかもしれません。

会社にとって最良の方法を選択するためには**今，辞めるのでなくても，将来のために今，考える必要があり，**そのために提案者は社長と事業承継のディスカッションをしたいと考えていることを最初にじっくりと説明して理解していただくことが大切です。

(4) 話すよりもまず聞くこと

事業承継のディスカッションに限らず，熱心な営業マンは，社長のお話を聞くよりも，自分中心に話し続けてしまうことが多いものです。

しかし，優秀な営業マンほど，聞き上手であるということは，よく言われていることです。

試しに，「営業マン」「聞き上手」というキーワードでネット検索していただくとたくさんの事例があることがおわかりいただけると思います。

事業承継のディスカッションにおいては，さまざまな方法論を説明するよりも，まず社長がどのように考えているのかを教えていただくことが大切です。

それでは，具体的にどのような内容について，お話を伺えばいいのかということについて説明します。

① 経営理念や信条

どんなビジネスでも，利益を上げることは重要です。

しかし，どんな方法でも利益を上げられればいいと，全ての社長が考えているわけではありません。

そこで会社の経営理念や社長の信条を教えていただくのです。

社長として，会社を経営する上で，何を大切にしているのか，これだけは譲れないと考えているものは何かを聞いてみてください。

社長室に額に入れて飾られている経営理念や社訓があれば，その背景などを社長の言葉で教えていただくと，その会社が目指していることが理解でき，それは事業承継対策の検討においても重要な情報です。

② 会社が発展してきた経緯

事業承継のディスカッションというと，会社を渡すことばかり話してしまうことが多いと思いますが，その前に大切なことは，会社がどのような変遷を経て現在の状態にあるのかということを教えていただくことです。

会社創業時から，ずっと右肩上がり成長してきた企業はほとんどないといっていいでしょう。バブル崩壊，リーマンショックを乗り越え，またさまざまな取引先や金融機関との取引でうまくいったり，失敗したりということを繰り返して，今，ようやく会社をバトンタッチするのです。

まず，そのような過去を社長から教えていただいてから未来像を描くことが事業承継のディスカッションなのです。

③ 社長の武勇伝

社長は事業承継を考える際に，今まで自分が成し遂げたことを振り返り，積み上げてきた実績について誰かに話したいと考えるものです。

そして社長の話をきちんと受け止めて，どのような会社の未来を描くのかという内容でディスカッションをしてくれる人に，相談したいと考えるものです。

ですから，その話を聞かずに株価対策や自社株を渡すスキームの提案がなされたら，本当に自分の会社のことを理解した上での提案とは思ってい

ただけません。

　また，長年苦労して会社を経営されてきた社長の武勇伝を伺えば，事業承継ということだけでなく，人生の勉強になることが多いものです。

　お話をきちんと受け止めてから，事業承継の方法を社長と一緒に考えましょう。その際に，社長の功績を称えることを忘れてはいけません。

④　社長の話は何時間でも聞く（断ったら2度目はありません）

　武勇伝とは日経新聞に書かれている「私の履歴書」のようなもので，かなり長いストーリーになります。

　そのような話は，見方を変えると自慢話になるので，その会社の従業員も，喜んで聞いてくれるとは限りません。まして，社外の人でそのような話を聞いてくれる人は多くありません。

　ですから，これから事業承継対策を始める社長がお気持ちを整理する一つのステップとして，提案者のみなさまが社長の良き理解者としてお話を受け止めることは大切です。

　そして，いざ社長がお話を始めたら，止まらなくなってしまうことが多いもので，時には2時間を超えるようなこともあるでしょう。

　しかし，繰り返しになりますが，社長は事業承継の話を誰にでもするわけではありません。社長のお話が止まらないということは，社長が提案者に信頼を寄せ始めている兆しなのでこのタイミングを逃してはいけません。ずっとお話を聞き続けましょう。

　この時に社長のお話が長いので，次のアポイントがあるからと言って帰ってしまったら2度目はないと思ってください。

　社長に気持ちよくお話をしていただくために，事業承継のディスカッションをする時には，次のお客様との面談までの時間に余裕を持ったアポイントをとることも大切です。

【事例：「私の履歴書」のような話を 4 時間語った社長の話】

筆者が，ある社長と初めて面談させていただい際の話です。

その社長を紹介してくださった方によると，社長は大変気難しい方とのことで，今までに何人もの税理士やコンサルタントに相談をされましたが，決して社長のお眼鏡にかなうことはなかったそうです。

私はお会いした際に，提案書もお見せすることなく，社長のお話を伺いました。経営理念，信条，武勇伝だけでなく，生い立ちや，ご家族に対する想い，趣味に関することなど，幅広く教えていただき社長の考えがよくイメージできました。

特に，会社経営についての考えとして，印象的だったのは，「節税をしない方が社会貢献につながる」というもので，これは事業承継対策の方法を検討する上で，重要な情報になりました。社長のお話は小説が書けそうなくらい長く，気がつくとお昼を挟んで 4 時間が経過していました。

筆者は，提案をすることなく，ただ，「そうですか，すごいですね」と言っている時間が大半で，経営理念や武勇伝など，社長のお話を伺っていただけですが，それがよかったようで，最終的に，社長から「あなたは，きちんと私の考えを受け止めてくれた。あなたに任せたい」と言っていただきました。

社長のお話を聞く前に，提案書を見せて，解説を始めていたらこのようなお言葉はいただけなかったと思います。

⑤ 話をしている時も自分が社長に品定めをされていることを認識する

社長のお話をじっくりと聞きましょうと申し上げましたが，社長はお話ししている間も提案者のことを観察しているものです。

提案者が提案をしたいだけではなく，自分の話を真剣に聞いているのかを判断されているのは当然で，さらに自分の話をきちんと受け止めて，共感できる相手なのかと確認されています。

高齢の社長ですから，提案者が極端に若い場合などは，本当に共感するのは難しい場合もあるかもしれませんが，その場合には，提案者は長年会社を発展させてきた社長に対して，尊敬の気持ちをお伝えすることが大切です。

事業承継対策のディスカッションをするためには，信頼を得ることが最優先課題と考えてください。

そして，最終的に社長から，提案者が今後事業承継のディスカッションをする相手として選ばれるためには，知識だけでなく品性など提案者の総合力が試されると思ってください。人生の大先輩である社長と話をするための，日々の研鑽は必要です。気負うことはありませんが，気を抜いてはいけません。

2．事業承継対策のディスカッションをするための会話例
―話の切り出し方，「いつ」「誰に・何を」渡すのかを確認する会話

(1) 話の切り出し方

　社長と面談を始めて，いきなり「事業承継についてどうお考えですか？」と聞くのは失礼極まりないことです。社長が**事業承継＝自分が会社をリタイアする話**と考えると，その話題を避けるだけでなく，お怒りになる場合もあります。そうなったら，二度と事業承継についてのディスカッションはできなくなってしまうので，細心の注意が必要です。

　そのような状況に陥らないためには，社長が考えたくない話であるという前提で，「いつ辞めるのか」という話ではなく，事業計画や，事業承継の一般論から話を進めていくとスムーズです。

【話を切り出す時の会話例】

① 事業承継とは全く関係のない話からスタートする

提案者

　　社長の長年のご努力で御社は，業績が好調ですね。

「**業績が好調ですね**」の部分は，次のようにその会社の強みについて言い換えて話してください。
　例）「財務内容が良好ですね」「社会貢献されていますね」等
　⇨会話の意図
　事業承継の話を避けたい社長が多いので，まずは長年経営されてきた

ご苦労に対して尊敬の気持ちを伝えることです。会社の良い部分をほめられてうれしくない経営者はいません。

提案者

御社は今後もますますご発展されると思いますが，長期の事業計画や夢などをお聞かせいただけますか？

⌂会話の意図

事業計画や夢については，楽しく語ってくださる社長が多いものです。できるだけ長期の事業計画を伺っていく中で，将来のこととして事業承継の考えやバトンタッチのタイミングなどを探ることです。

② 世の中の出来事を題材にする

提案者

頻繁に事業承継のセミナーが開催されていますが，社長はセミナーに参加されたことはありますか？

税制改正のことが新聞に出ていましたが，中小企業の事業承継を政府もサポートするようですね。

提案者

相続税の基礎控除が減って，相続税の申告をする人数が増加したと新聞に出ていましたが，社長の場合には自社株の評価が高いでしょうから将来の相続税は大変でしょうね。

最近，日経平均株価が上昇していますね。景気がいいのはいいことなんですが，その影響で社長の自社株の評価も上昇しているかもしれませんね。

132　第5章　社長と面談した時にどうするか？

> 🗣会話の意図
> 　新聞に出ていることや，世の中の動きについて雑談のように話をすると社長としては，自社のことではない一般論としての会話ととらえて，気軽にお話していただけることが多いものです。
> ③　具体的に事業承継のディスカッションをしていいのか確認する
> 　▶上記②の会話に続けて話をする
>
>
> 提案者
>
> 世の中は事業承継問題で騒いでいるようです。
> ＋
> 御社にとっては，まだまだ先のお話だと思いますが，社長は事業承継のことについてお考えでしょうか？
>
> 将来の話ですが，事業承継対策は御社の将来の発展においても重要なことです。今日は，事業承継の話をお伺いしてもよろしいでしょうか？

　このように，場の雰囲気はやわらげつつも，やんわりと，これから事業承継のディスカッションをしたいという意思表示をします。
　そして，話を切り出した後は社長のコメントをじっくりと待ちましょう。
　事業承継に不安を抱いている社長は，その想いを語ってくださるでしょうし，逆に，事業承継対策について，まだ考えたくない（話したくない）社長の場合には，黙り込んだり機嫌が悪くなったりすることがあるので，その場合には，話題を変えて，事業承継以外のお話をするのが無難です。
　話の切り出し方は，さまざまで，みなさまと社長との人間関係の深さや，社長のお人柄などによって対応は異なりますので，**会話例をもとに，自分の言葉で話せるように事前に考えてみてください。**

(2) 事業承継対策の検討状況の確認

社長に，事業承継についての話をしてもいいと言われた場合には，まず対策状況について確認してみましょう。

【会話例】

提案者

> 事業承継対策については，後継者や自社株の問題など，色々検討することが多いのですが，御社にとっては，何が一番検討すべき問題でしょうか？
>
> 事業承継対策については，お考えの方針や，すでにお決めになられた方法などはございますでしょうか？
>
> 事業承継対策について，すでに税理士やコンサルタント，銀行などにご相談されましたか？

⇨質問の意図

社長がすでに検討している状況が不明なため，まずは探りを入れることが必要です。ボクシングに例えるとジャブを打つような感じです。

(3) 後継者の確認方法

　事業承継で，最も重要なことは，後継者を決めることです。

　社長が心の中に決めた後継者がいる段階，すでに後継者候補として育成している段階などさまざまですが，社長に対して，いきなり「後継者は誰ですか」と聞いては驚かれてしまいます。

　同族会社の場合には，社長の子供が後継者であることが多いので，まず子供の状況を把握することから始めましょう。

　事業承継とは関係なく，子供のことを聞かれると楽しそうに話をする社長は多いものです。

　社長の子供の話に触れるために，受験や就職活動シーズンはその話題から，そして，それ以外のタイミングでは役員や株主構成における親族のことをお話しながら，徐々に聞いていくとスムーズです。

【会話例】

① 子供の存在が不明なケース

提案者：ニュースで見ましたが，今は大学受験（就職活動）シーズンで大変なようですね。
社長のお子さんは，もう大学受験（就職）をされていましたでしょうか？

② 子供が学生のケース

提案者：社長のお子さんは，もう大学生でしたね。やはり将来の社長になる修行として，一度は，一般の企業に就職されるのでしょうか？

③ 子供が社会人であるケース
イ すでに自社に入社している状況
　イ） 子供が役員に就任している場合

世の中は後継者不足で悩んでいる会社が多いようですが，御社はお子さんが役員になられているので，安心ですね。

お子さんは将来の社長として育成されていらっしゃるのですね。それであれば，会社の将来も明るいですね。

　ロ） 子供が役員ではない場合

お子さんが，何年後かに役員に就任された後は後継者として育成されるのでしょうか？

ロ 他社に入社されている状況

お子さんは会社に入られるご予定ですか？
他社で修行されて入社されることは今後社長になる上では良い経験ですね。

お子さんは他社でご活躍なのですね。ただ，あまりご活躍されてその会社でポジションが上がってしまい，戻って来なくなってしまうのも考えものですね。

④　子供がいないケース

提案者

まだ先の話になりますが，社長が発展させてきた会社を誰かに託すことを，いつかは考えないといけまんね。

提案者

将来，会社をバトンタッチされる相手として，ご親族や社内の役員の方などに，後継者候補はいらっしゃるのでしょうか？
もし，ご親族以外にバトンタッチする場合には，その方に決意していただくためには，より多くの時間がかかるかもしれませんね。

提案者

世の中の事業承継の大きな問題は，後継者不足だそうで，後継者がいない場合には，未上場企業であってもM＆Aを検討される会社も多いようです。
まだ考えたくありませんが，社長の場合にも後継者候補がいない場合には，会社を売却するということも選択肢として，考えなくてはならないかもしれませんね。

　これらの会話は，だんだん本題に踏み込んでいくことになりますので，社長から警戒されることがあるかもしれません。
　上記の質問をしたら，社長は何らかのリアクションをしてくださると思うので，あとはそれに応じて話を広げてください。
　事業承継についてのディスカッションは，慣れていない方にとっては，緊張する場面なので，一生懸命質問し過ぎて，警察の取り調べのようになってしまう方がいます。しかし，それでは，社長も嫌になってしまうで

しょう。

あくまでも，会社が将来発展することを想い，**雑談を交えつつ，将来の話として夢のあるトーン**でお話をしてください。

なお，後継者の検討をする上で必要な家族構成についての情報は，公表データではないので，提案者のみなさまも入手できていないことがあると思います。

そして，株主や役員については，氏名情報を入手していても，その方の属性（続柄）まで把握していないことが多いと思います。

特に，社長のお嬢さんの配偶者は，社長と苗字が違うため，資料だけでは社長の親族とは判断できないので，これらのことは社長から直接聞くしかありません。

事業承継の話をする以前に，日頃から，社長の家族構成や株主構成，役員構成については情報収集しておくことは大切です。

(4) バトンタッチ時期の確認方法

　社長が何歳になったらバトンタッチすべきなのかは企業によって異なります。必ずしも，早期のバトンタッチが良いというわけではありませんが，**早期に検討を開始することがマイナスになることはありません。**

　しかし，バトンタッチの時期を社長に確認するということは，ズバリ「社長，いつ辞めるのですか」と聞くことと同じですので，より社長のお気持ちに対する配慮が必要です。

　社長にバトンタッチの時期を考えることの重要性をお話しつつ，会社の発展のためには，いつバトンタッチするのが良いのかを一緒に考えるということです。

【会話例】

提案者

今期の業績も良く，今後もますます会社は発展されるのでしょう。さすが社長です。あと20年くらいご活躍いただきたいですね。
ただ，縁起でもありませんが，後継者へのバトンタッチの時期が決まらないまま，社長に万が一のことがあると，会社は混乱するでしょうから，バトンタッチの時期はご検討された方がよろしいかと思います。

提案者

社長は会社にとって，なくてはならない存在ですからリタイアするのは，まだまだずっと先の話だと思います。
ただ，バトンタッチの時期をある程度お決めになって，計画的に後継者育成を進めていくと，後継者も安心ですし，スムーズな事業承継が実行できると思います。

> 社長のご子息は,まだお若いですから,会社をバトンタッチするまでには,相当時間がかかりますね。
> 社長はお元気なので,まだまだ心配はいりませんが,万が一の時のために,長期的な展望だけはお考えいただいた方がいいでしょう。

提案者

　このように,**社長はまだまだご活躍されるというポジティブなイメージのもと**で「将来の話」として質問すると話が進むことが多いでしょう。特に,「20年後」という言い方は白々しいと感じられるかもしれませんが,これは,今ではなく将来の話としてコミュニケーションをしているというイメージを表したものであり,社長が話をしやすくなる表現です。

　また,20年後と時期を示すことで,社長からは「75歳になったら辞めようと思う」とか,「創業50周年を機に,社長交代のパーティーを実施して,バトンタッチしようと思う」という風に,ご検討状況を教えていただけることもあります。

(5) 自社株を渡す相手について確認する

　自社株を後継者だけに渡すとは限りません。経営にタッチしない子供がいる場合でも，子供たちには平等に財産を残したいと考えることは多いものです。前述のとおり，自社株が親族に分散することが全て間違っているということはありませんが，経営がスムーズに行われるためには，自社株は経営にタッチする人に渡すことがセオリーです。

　そこで，社長が誰に自社株を渡すのかということを伺いながら，自社株の承継相手のセオリーについても説明するとよいでしょう。

【会話例】

① 子供が2名　長男が経営に関与し，長女が経営に関与しない場合

提案者

社長にはお子さんがお二人いらっしゃいますが，自社株はどなたにお渡しになるのでしょうか？
自社株が経営に関与しない親族に分散すると，後継者は会社の重要事項を決定する際に，経営に関与しない親族にお伺いをたてる必要があります。
そうなると，経営がスムーズでなくなる場合がありますので，自社株は経営に関与する親族にだけ，お渡しになることがセオリーではあります。
社長はどのようにお考えになりますか？

イ　長男にだけ渡すという回答の場合

提案者

やはり，後々の経営の意思決定のスムーズさを考えると，経営にタッチする後継者にお渡しになるのがセオリーですね。

2．事業承継対策のディスカッションをするための会話例　141

□　長女にも渡すという回答の場合

提案者

財産をお子様に公平に分けるというお考えかと思います。ただ，長女のお子様，お孫様などへの相続により，会社とは関係ないご親族が自社株を所有することは，経営にとってマイナスになることもありますので，この点にはご留意いただいた方が良いと思います。

② 親族以外が後継者の場合

イ　自社株も後継者（親族以外）に渡す場合

提案者

後継者の方はサラリーマンなので，通常は自社株を買い取る資金がありません。少額の自社株だけ渡して，残りの自社株は親族に渡すなど，自社株を渡すシェアと方法を検討する必要がありますね。

□　自社株は親族に渡す場合

提案者

ご親族が相続した自社株に対する相続税は高額になります。
社長から相続した金融資産で納税できればいいのですが，そうでない場合，自社株や不動産を売却する必要があります。
その時に，会社がその買い手になることが多いので，あらかじめその方法を考えておくと良いですね。

⑹ 自社株を現金化（譲渡）したい意向の有無，金額の確認方法

　自社株の価額が高額の場合，社長が所有する自社株の全てを会社に譲渡して現金化するということは，会社の自己資本が流出するなど会社の負担が大きくなります。

　また高齢の社長が多額の資金が必要なのかと考えると，一般的にはそれほど多くの金額は必要ではないと思われますので，安定的な経営を維持するために，社長には自社株の一部を現金化し，残りは相続で渡すとか，納税猶予制度で，後継者に贈与・相続で渡すなど，会社の資金負担を減らすことをご検討いただきたいのです。

　そこで，自社株を渡す方法を検討する場合，社長が自社株を譲渡して，どれくらいの現金を得たいのかなどを社長に確認しなければ，話は前に進まないのですが，社長ご自身が自分の口から，自社株を譲渡して，どれくらいの現金を得たいのかということは，なかなか言いづらいものです。

　それでは，どれくらいお金を受け取りたいのかということについて質問する方法をご説明します。

【会話例】提案者

　社長が所有されている自社株の評価額はかなり高い水準です。これを会社に譲渡して，全部現金化すると，会社の自己資本が減ってしまうので，後継者にとっては，大きな負担があります。

　また，全株式を納税猶予制度で後継者に贈与すると，会社や後継者の税金の負担は猶予されることになりますが，社長が受け取られる金額はゼロになります。

　会社のみなさんも社長の長年のご功労に対して，ご希望にかなう資金をお渡ししたいと思っていると考えられますので，もちろんゼロである必要はありません。

　ただ，どれくらいの金額を受け取るかを当事者間で決めるのは，なかなか難しいので，大変失礼ながら第三者としてストレートにお聞きします。イメージとしてどれくらいの金額を，お受け取りになるお考えでしょうか？　後継者や会社のご負担も考慮され，また退職金も含めて，どれくらいの金額を受け取れば，ご自身の功績に見合ったものだとお考えになるのでしょうか？

　会話例が長いですが，それほど聞きにくい話であり，社長としても答えにくい話だということです。

　やはり，大きな金額を得たいと言うと，がめついと思われるのではないかと感じる社長が多く，なかなか答えにくい方が多いので，その時には，自社株の2分の1ですか，3分の1ですかなど，金額ではない聞き方に変えるのも一つの方法です。

144 第5章 社長と面談した時にどうするか？

3．社長とのディスカッションが
スムーズにいかない場合の会話例

　話の切り出し方や，後継者や自社株を渡す方法の確認についての会話例
をご説明しましたが，その後，会話がスムーズに進むとは限りません。事
業承継のことを考えたくない社長は，いろいろな言葉で，事業承継のディ
スカッションを避けようとする場合があります。

　そんな時，提案者のみなさまは，社長の断り文句（以下，社長がお断り
するとき口にするパターンとして例示しました）等にどう反応して良いの
かわからず，困ることがあると思います。

　ここでは，事業承継のディスカッションを避けたい社長が発する態度や
典型的な断り文句，そして，それについての対応方法についての会話例を
ご説明します。

(1)　事業承継の話をしたら，まだ早いと言われた

　これは，典型的な断り文句です。まだ辞めたくない社長に対して，事業
承継の話をすると，このような反応があることが多いでしょう。

　ただ，まだ早いというのが，具体的な将来の計画もなく，単に先送りの
コメントだとしたら，社長に万が一のことがあった時に，会社が混乱する
ことになります。

　そんなことにならないように，その真意を聞きながら，事業承継対策の
検討開始を促すのがいいでしょう。

【会話例1】 提案者

　そうですか。まだ事業承継の時期は先なのですね。

　ところで，何年後くらいに事業承継の実行を考えておられるのでしょうか？　後継者の選定や育成，役員構成や株主構成など次世代の経営体制を検討して対策を実行していくと何年もかかるものです。

　また，後継者が思うように育たないとか，検討している間に，税制改正があって，スキームの見直しをしなくてはならないこともあります。事業承継の実行はまだ先でも，その時になって慌てないように，今から検討されてはいかがでしょうか？

....

【会話例2】 提案者

　そうですか，事業承継の時期は先なのですね。

　それでは，事業承継対策の方法はすでにご検討されているのでしょうか？　縁起でもありませんが，事業承継の方法を決定されていないうちに，社長が亡くなることもあります。

　そうなると会社は大混乱になることは，ご想像できると思います。社長が事業承継対策をきちんと検討されていたので，社長がリタイアされた後に，「社長のおかげですね！」とみんなに言われるように準備しませんか？

(2) 自分はゼロから始めたんだから後は知らない

このようにコメントされる社長は少なくありません。現に筆者は何人もお会いしました。

実は，本心から事業承継のことを考えていないのではなく，人から言われたくないという心境であることが多いものです。

この場合には，社長の責任の大きさを強調してあげることが大切です。

【会話例1】

提案者

社長が会社をスタートした時は，ゼロだったかもしれませんが，社長のご努力で会社を発展され，むしろ今はゼロでないから問題なのです。

ゼロの時は社会に与える影響が小さかったと思いますが，今は大きくなったからこそ，取引先と従業員に対する責任があります。

社長と苦労を共にしてきた従業員は，会社からの給料で生活し，住宅ローンを抱えている人もいます。そんな従業員を路頭に迷わせていいのでしょうか？

また，取引先も御社があるから成り立っている会社もあると思います。取引先に迷惑をかけるようなことになって，本当にいいのでしょうか？

社長がリタイアされた後に，社長が事業承継対策をしてくれたおかげだと言われるようにしてはいかがでしょうか？

これは，少し厳しい言い方かもしれませんが，やはり，自分が死んだ後のことは知らんというのは，経営者として無責任と言わざるを得ません。

ただ，言葉として「無責任」と社長を非難してはいけませんので，**従業員や取引先が困るという点を強調**して話していただくのがポイン

トです。

【会話例2】

 提案者

　業歴が100年も続くような老舗企業には，長年培ってきた事業承継対策の方法があるそうです。
　老舗企業の社長の長男は生まれた時から将来の社長として育てられ，成長とともに後継者としての教育を受けて，時間をかけて一人前の後継者になります。
　計画的に後継者育成がなされるので，後継者本人にも早期に自覚が生まれ，また社内外も納得しやすい環境が作れるのです。
　そしてバトンタッチする際に，「社長として，まず最初に考えることは将来の事業承継対策だ」と伝えるのだそうです。
　御社も今後長く発展されるでしょうから，このような例を参考にしてはいかがでしょうか？

　事業承継とは，社長にとって一生に一度の出来事です。
　つまり，社長としては経験がないことなので，他社がどのように事業承継対策をしているのか関心がない社長はいません。
　そして，老舗企業の事業承継方法というのは，いわば事業承継対策に成功した見本のようなものなので，社長の心に届くものがあるはずです。

(3) まだまだ会社を伸ばすためにやりたいことが
　　 たくさんあって，引退なんて考えられない

　創業社長には，こうしたコメントをされる方が多くいらっしゃいます。

　仕事が三度のごはんよりも大好きで仕方がないという社長には，社長の夢を後継者と共有し，託すことが大切であることを説明しましょう。

【会話例】

　提案者

　社長がお元気なことは，大変素晴らしいことです。しかし，やりたいことは何年後に実現できるのでしょうか？　またやりたいことがなくなることはあるのでしょうか？

　社長は，夢を実現する過程で，年齢を重ねていくことになりますが，「社長が高齢になると経常利益が減少傾向にある」というデータを中小企業庁が発表しています。残念ながら人間には寿命があるので，いずれは，後継者に社長の夢を託す時期が来るのです。

　その時に，後継者が慌てないように，今から社長の夢を後継者に託す準備を始めてはいかがでしょうか？

　事業継対策をネガティブにとらえている社長には，事業承継を社長がリタイアする話ととられないように，**社長の夢を実現するためには**，早期に後継者を育成して，その夢を後継者に託すことが不可欠だというトーンで話をしていただくと，拒否される可能性が低くなります。

　事業承継対策は，会社の明るい未来を創造する手続だということを社長にご理解いただくようにしましょう。

(4) 後継者がまだ育ってないから任せられん

このコメントをされる社長もたくさんいらっしゃいます。

もちろん，本当に育っていない場合もありますが，育っていないと言えばバトンタッチの時期が到来していないと他者に納得させる大きな理由になるので，このように話されることも多いのです。

【会話例】 提案者

社長は会社においてはカリスマです。そもそも長年の経験がある社長と後継者が同じレベルに達することはありません。

後継者がどんなに頑張っても，**社長のカリスマ性は引き継ぐことができないのです。**

以前は会社の規模も小さく，途中で失敗したとしてもリスクは小さかったはずですが，大きくなった会社を経験のない後継者が引き継ぐことは大変なことです。

後継者を育てないで時間が経過すると，社長の経験値はさらに増しますが，後継者の経験値はあまり変わらないので，いつまで経っても社長のお眼鏡にかなうレベルには達しないのです。

つまり，後継者が育っていないのではなく，**育てていないのではないか**ということです。

現社長が社長の座に君臨している間は，後継者は経営判断をしないので，いつまでたっても育つものではありません。後継者を早く社長にして，成功と失敗の経験を積ませることが大切です。

会長になって，見守りながら育ててあげることは，経営から離れると

いうことではありませんし，後継した新しい社長が経験値を増やすいい方法ではないでしょうか？

　筆者がお会いした社長の場合，後継者にバトンタッチする前に，「後継者は一人前になったから，もうバトンタッチしても大丈夫！」と言う方は，ほとんどいませんでした。

　しかし，後継者が心配なので会長として見守るという条件で，社長を交代したケースの中には，後継者は意外に能力が高いことがわかったと嬉しそうに話されていたケースもありました。

　後継者はいつか自分が社長になることを想定し，社長の行動を見て，将来自分が社長になった場合の状況をシミュレーションしているのですから，自然と身につくことも多いと考えられます。

　やはり「**門前の小僧習わぬ経を読む**(※)」ということなのでしょう。

　ですから，シミュレーションだけではなくて，後継者候補を実際に社長に就任させて会社を運営してもらうことは，会社の将来の発展には重要なことなのです。

　　※「門前の小僧習わぬ経を読む」とは，日頃から見たり聞いたりしているものは，
　　　いつのまにか覚えてしまうものだということのたとえ。

(5)　事業承継のことは，顧問税理士に頼んでいるからいいと言われた

　これは，本当に頼んでいる場合もありますが，断り文句の可能性も高いと考えてください。

　やはり，辞めたくない社長は，この話題には触れられたくなく，「税理士に頼んでいる」という言葉は，**事業承継対策＝税務対策と考えている提案者には，一番効き目のある言葉**だからです。

　本当に事業承継対策を顧問税理士と一緒に進めているのであれば，いい

のですが，断り文句だとすると，何の対策もなされずに社長が亡くなり，会社は大混乱するというシナリオも考えられます。

そんなことにならないように，断り文句なのかどうか？ 状況把握のために，次のような会話をするとよいでしょう。

●提案者に共通な質問

【会話例1】 提案者

事業承継対策の方法は一つではありません。

顧問の先生のご提案以外にも，いい方法があるかもしれません。他の税理士にセカンドオピニオンを依頼するのも一つの方法です。

病気の時に，他の医師にセカンドオピニオンを依頼するのと同様で，事業承継対策においても，セカンドオピニオンの取得はよく行われています。顧問税理士さんに，あらかじめお話されれば，ご気分を害されることはないでしょう。

もし，セカンドオピニオンが顧問税理士と同じご意見であれば，より安心なのではありませんか？

●提案者が金融機関に勤務している場合

【会話例2】 提案者

すでに，事業承継の検討をされて税理士さんにご相談されているとは，さすが，社長ですね。ただ，税理士さんの専門分野はあくまでも税務に関してです。経営全般の承継を考えた場合，その部分はお得意でない方もいらっしゃると思います。

152　第5章　社長と面談した時にどうするか？

> 　後継者にバトンタッチした後の経営体制などについては，私たちとディスカッションするのはいかがでしょうか？
> 　税理士さんと協力して，より良い事業承継を実現させることができるかもしれません。

　セカンドオピニオンの話を投げかけると，社長が本当に税理士に相談しているのかどうかがわかることが多いものです。

　ただ，もしも社長が顧問税理士に相談していないことがわかっても，問い詰めたりしてはいけません。

　その時には，やんわりと，「顧問の先生との検討が進んだら，セカンドオピニオンの件もご検討ください」という程度の会話に留めましょう。

(6)　死ぬまで社長をやる

　筆者の経験では，こういうことをおっしゃる社長は一人や二人ではありません。特に，創業社長に，こういうことをおっしゃる社長が多いものです。

　これは，事業承継対策の提案者に対する断り文句の場合もありますが，本気でこのようにおっしゃっている場合があります。

　いずれにせよ，死ぬまで社長をやることの問題点をご説明いただくのがポイントです。

【会話例1】 提案者

　確かに，長年会社を引っ張ってこられた社長のお眼鏡にかなう方は，なかなかいないでしょう。

　ただ，残念なことに，人間には寿命があり，いつかはバトンタッチをしなくてはなりません。

　後継者を決めていないままに社長が亡くなった時，すぐに後継者が決まるとは限りません。

　そんな状況になったら，会社には経営上，空白の期間が生まれます。

　また，スムーズに後継者が決まった場合でも，社長が亡くなった時に，突然バトンタッチされる後継者のことを考えてください。

　社長から何の引継ぎもなく，心の準備もないままに，突然社長からバトンを渡された後継者がうまく会社を経営できるのでしょうか？　後継者や従業員の生活を考えれば，計画的に事業承継の準備をすることの重要さはご理解いただけると思います。

　バトンタッチをするタイミングが，亡くなる時だったとしても，準備だけは始めておくことが大切です。

……………………………………………………………………………

【会話例2】 提案者

　社長がいままで，会社を発展させたことは素晴らしいと思います。

　しかし，中小企業庁が発表しているデータによると，社長が高齢になると経常利益が減少するという結果が出ています。

154　第5章　社長と面談した時にどうするか？

　その原因は書かれていませんが，やはり，高齢になるとビジネスのトレンドが読めなくなったりすることがありますし，体力が衰えたり，耳が遠くなったりということも経営者にとってはマイナス影響があるので，いつまでも，正しい経営判断ができるとは限らないということでしょう。

　また，仮に社長の経営判断が鈍ったとしても，同族会社の社長に対して意見を言える従業員は，まずいないと考えられ，次第に会社の業績が落ち込んでしまうことにもなりかねません。

　もちろん，全ての会社がそうだと申し上げるつもりはありません。

　ただ，社長ご自身にもそういう影響が出てくる可能性はあるということです。これを防ぐために，後継者を早く育てて，そのようなマイナスは回避することが今後の会社の発展には重要ではないでしょうか？

(7) 会社の問題点を解消しなければバトンタッチできない

　後継者のために「借入を減らしてから」とか「業績を改善してから」でないとバトンタッチできないという社長がいます。

　それは，後継者に対する社長の思いやりだと思います。しかし，それを実現することは大変難しいことですので，それをご理解いただく方法を説明します。

【会話例】

提案者

　借入を減らすとか，業績の改善を図ってバトンタッチできれば，それは素晴らしいことでしょう。

　しかし，それは簡単なことではありません。なぜなら，経営をするということは，業績を伸ばすことや財務内容が良くなるように，日々努力していることであり，事業承継だからといって，簡単に会社の問題点を改善できるものではないからです。

　また，経営努力をしても，結局それらを実現できずに，バトンタッチの時期が遅れることになれば本末転倒です。

　もしご不安であれば，会長職に退いて，後継者が業績改善などを図るフォローするという方法をご検討いただいてはいかがでしょうか？

(8) 後継者候補である息子とは，まだ話をしていないと言われた

　このコメントは通常，断り文句のこともありますし，本当にそうである場合もあります。

　社長は息子に後継者になって欲しいと期待しながらも，気を遣う部分があったり，また，ストレートに話をした場合に，断られるのが怖いという気持ちもあります。

　そして，いつ話せばいいのかというタイミングが決まっているわけではないので，そのままズルズルと時間だけが過ぎてしまうこともあります。

　それを防ぐために，次のように話をしてみてください。

【会話例１】

提案者

　後継者が決まらないと事業承継対策は始まらないものです。
　新しく会社を立ち上げる場合にも，社長が誰になるのかということは決まっているものですよね。事業承継も，それと同じことなのです。
　後継者候補に会社を継ぐ意思を確認することが，事業承継対策のスタートラインです。

....

【会話例２】

提案者

　事業承継のことは，ご子息の方から切り出すのは難しいテーマです。
　社長は，ご子息に後継者になって欲しいと言ったら，断られる不安をお持ちかもしれませんが，ご子息の方としては，社長から何もお話がな

ければ，どうしたらいいのかわからず，不安であったり，また社長から会社を継いでくれと言って欲しいと考えている場合もあります。

　まずは，ご子息のお気持ちを確認するのはいかがでしょうか？

....

【会話例3】 提案者

　ご子息には，いつ頃お話をされるご予定ですか？　別の会社でご活躍された場合，そちらの仕事が面白くなって，会社に戻って来ないというケースもあるようです。

　ご子息には，ご子息の人生があるので，それも一つの選択肢ですが，社長としては，ご子息に会社を継いで欲しいのであれば，お早目に話をすることが大切です。

....

【会話例4】 提案者

　同族会社の社長のご子息として，生まれた人は，会社を「家業」のように考えて，いずれは自分が継がなければならないとイメージしている人が多いものです。

　後継者も，社長からお話があるのを，待っているかもしれません。

　あまり心配し過ぎずに，後継者とお話ししてはいかがでしょうか？

(9) 長年苦労をともにした従業員と，まだ一緒に会社を伸ばしたい

　中小企業の経営者にとって，長年苦労をともにした家族のような従業員とは離れがたいものです。

　また離れがたいばかりではなく，自分は従業員とうまくやってきたが，後継者がその従業員たちとうまくやれるのかということについても心配しています。

　しかし，そんな社長も，いつかは従業員と離れて，後継者が代わりを務めることになりますので，後継者が従業員と信頼関係を構築していけるように事業承継対策をすることが重要であるということをお話しください。

【会話例】

 提案者

　確かに，ここまで会社が発展したのは，社長とともに従業員のみなさまが頑張ったからだと思います。

　苦労をともにした従業員のみなさまと社長が離れがたいのはよくわかります。しかし，社長がまだリタイアされなくても，従業員は次第に定年退職で辞めていくでしょう。つまり，いつかは離れていくものなのです。

　そして，今度は，後継者が社長に代わって，従業員と信頼関係を構築して会社を発展させることになります。

　後継者は社長に就任しなければ，従業員と本当の意味での信頼関係を構築することはできません。

　社長の業務を後継者に徐々にシフトして，後継者が，早く従業員の信頼を得られるように，されてはいかがでしょうか？

⑽ 「親族でない役員に継がせるから大丈夫」と言われた

　親族に後継者候補がいない社長は，この問題について手詰まり感があり，このようにコメントをされる社長が少なくありません。

　親族でない社内の役員に継がせる準備が本当に進んでいるのであればいいのですが，実際に後継者候補の役員には話もしていないのに，このような言葉で，事業承継対策を先送りにしていることも多いものです。

　そんな時は，検討の詳細を教えていただくといいでしょう。

【会話例】

提案者

　最近は，親族ではない役員の方が，会社を継がれるケースが増えてきました。しかし，その場合には，親族で承継されるよりも検討すべき項目が多いことはご存じでしょうか？

　まず，役員の方が社長になる意思を確認することが大切です。

　すでに，その役員の方にはお話をされてご了解を得られているのでしょうか？

　もし，まだでしたら，その点を早くご確認されることが重要ですね。

　社長の右腕で力を発揮された方でも，会社のトップになることまでは考えていない場合もあるものです。

　また，後継者が会社の借入金の連帯保証人になる場合もありますし，連帯保証人になる必要はなかったとしても，会社の最高責任者としての大きな責任が生じることになります。

　社長のようにご資産背景がおありの方はいいのですが，住宅ローンとはかけ離れて大きな金額の借入金の保証をすることや，会社そのものの

160 第5章 社長と面談した時にどうするか？

責任を負うことを後継者候補の奥様が知って反対されることもあるよう
です。
　そして，さらに自社株も役員の方に渡すとすれば，その分の資金負担
も発生しますので，その方法は簡単ではありません。
　このように親族ではない役員が納得されるのには，大きな覚悟がいり
ますが，大丈夫でしょうか？

　会話例がとても長くなってしまいましたが，それだけ親族ではない役員
に会社をバトンタッチすることは，難しいということです。
　難しいという事実を提案者のみなさまが社長にご説明いただき，社長が
早期に取り組んでいただくことが大切です。

⑾ 「自社株は相続で渡す。相続税の資金は
　　　　あるから大丈夫」と言われた

　確かに，長期間にわたって比較的高額な役員報酬を受け取って，自社株を後継者に渡す時の相続税の資金に充てられるように準備している社長もいます。

　しかし，前述のとおり，事業承継対策＝相続対策ではなく，相続税が支払えても，それは事業承継の成功ではありません。

　しかし，「相続税が払えるからいい」と言えば，それ以上の提案をしてこない提案者もいるので，社長にとっては，いい断り文句になっている場合があります。

【会話例】

 提案者

　すでに，自社株を渡す時の税金の準備をされているのは素晴らしいことです。ただ，事業承継対策で重要なことは後継者にバトンタッチした後も会社が存続・発展できる体制を整えることです。

　後継者を決めて育てることや，役員構成，株主構成など，会社の経営をバトンタッチすることのご準備はいかがでしょうか？

　☞ この質問の後に，後継者の確認方法（P.134）で例示した会話につなげましょう。

162 第5章 社長と面談した時にどうするか？

4．理解することが難しい社長の考え方や行動を分析する

　提案者のみなさまは，社長と話をしている中で，さまざまな社長の考え方や行動に触れた時に，とても理解しがたいと感じることがあるでしょう。

　しかし，その社長の行動や考え方の背景がわからないと，会話は噛み合わないことになります。

　ここでは，理解しがたいものに対して，その考え方の背景について説明します。

(1)　顧問税理士は頼りにならないと言われたが，
他の税理士を探してはいない

　税理士は，専門分野を持っています。事業承継に関係する資産税（相続税や贈与税）について，全ての税理士が詳しいわけではありません。未上場企業の顧問税理士は，法人税の申告をメインの業務であることが多く，事業承継に関する税制には詳しくない方もいるのです。

　どんな仕事でも，全ての分野に精通している人はいないので，これは当然のことです。

　ただ，税理士は事業承継の専門家であると考えている社長にとっては，顧問税理士が事業承継を得意分野としていないケースでも事業承継の相談をされ，その結果，社長としては物足りなさを感じる場合があるのです。

　では，他の税理士をなぜ探さないのか，という疑問がわきますが，これにはいくつかの理由があります。

○　顧問税理士は，社長の「味方」である

　例えば銀行取引は企業にとっては必要です。しかし，時には銀行がその

会社が求めていない金融商品をセールスすることもあるでしょう。

　銀行も一般企業と同様に営利を追求している企業なので，セールスすること自体は普通のことです。

　ただ，社長が，融資などの銀行取引の重要性を考えて，自社に必要がない商品を買わなければならないと考えた場合，銀行は社長の「味方」ではない瞬間があるということです。

　これに対して，税理士は顧問報酬以外に，何かの提案と関連して商品を販売して収益を上げようというスタンスではなく，いろいろなことの相談相手として，常に社長の味方となる存在です。

　したがって，多くの社長は味方である顧問税理士は大切にしたいと考えるのです。そしてそれと同時に，他の税理士に相談することについて気兼ねもあるということです。

　しかし，事業承継を成功させるためには，セカンドオピニオンは通常行われていることと説明し，法人税の申告の業務を行う顧問税理士は変えずに，事業承継についてだけは，他の税理士に依頼することはよくあるということをご理解いただくことは重要です。

　提案者の方が，金融機関に勤務されているのであれば，提携されている税理士さんをご紹介することは，事業承継対策を一歩進めるいい方法です。

　法人の申告は継続性がある業務なので，顧問税理士にはそのまま業務を続けていただく方が良く，顧問税理士と事業承継対策のサポートをする税理士が共存することが大切であることを社長にわかっていただきましょう。

⑵　「娘の配偶者を社長にするが，自社株は娘に渡す」と言われた

　未上場企業の社長は，やはり**会社を直系の血族に継がせたいと考えていることが多い**ものです。

　社長の子供に男性と女性がいれば，まず男性を優先的に後継者に考える

ことが多く，近年，後継者が女性であるケースも増えてきたものの，それ
は，社長の子供に男性がいない可能性は高いと考えられます。

　そして，社長の娘が後継者ではない場合，次の選択肢は娘の夫であるこ
とも多いもので，例えば社長の娘の夫がその会社で働いていれば，後継者
にするケースは未上場の会社ではよくあることです。

　しかし，後継者である社長の娘の夫に自社株まで渡すのかというとそう
ではないことが多いのです。

　理由は２つあります。１つは，娘の夫には資産的背景が乏しい場合が多
いので，自社株を取得するための資金（自社株の買取資金の他に相続税や
贈与税の納税資金）がないということです。

　もちろん，納税猶予制度（P.89）の適用を受けることにより，資産背景
に乏しい娘の夫が自社株を贈与や相続で取得することは可能ですが，もう
１つの理由が，その実現を困難にする場合があります。

　もう１つの理由とは，やはり社長は，自社株は社長**血族**のものと考え
ていることが多いということです。

　これは，例えば娘夫婦が離婚してしまったり，娘が亡くなった場合には，
自社株が血族以外の赤の他人のものになるということであり，同族会社の
社長はこの状態になることをとても危惧しています。

　未上場会社の社長は，私財を会社に投入していることも多いので，こう
考えるのも仕方がないかもしれません。

　全ての社長がそうではありませんが，なんとしても**血族に自社株を**
渡していきたいという執念をお持ちの方がいることも理解しておいて
ください。

　このようなお考えの社長に対して，娘の夫を社長にして自社株も渡すと
いう提案をすると，社長の心に響かないばかりか，社長とのディスカッ
ションが継続しない可能性もあります。

4. 理解することが難しい社長の考え方や行動を分析する　165

> 【事例：社長のイスは承継しても自社株は承継しないケース】
>
> 　娘婿に社長を譲りながら，現社長は会長職に就いたものの経営トップの座に君臨したまま，自社株を保有し続けました。
>
> 　そして，毎年，後継者の子供である孫に自社株を渡し続け，最終的には，遺言まで用意して，相続の際にまとまった自社株を孫に渡しました。
>
> 　娘婿である社長としては，結局自分は社長を任されたものの，自社株を承継するほどには，信頼されなかったと残念がっていました。

(3)　社長は「高額な退職金を受け取る」と言っている

　役員退職金の目安は，次の計算式と言われています。

> 　最終報酬月額　×　役員在任年数　×　功績倍率
>
> ▶最終報酬月額
> 　退任時役員報酬年額の12分の1
> ▶功績倍率
> 　退職時の職位によって異なり，社長の場合には3倍と言われていますが，法律等に定められたものではありません。

　例えば，退任時の役員報酬が2,400万円（月額200万円），在任年数30年，功績倍率が3倍のケースの役員退職金の目安は次のとおりです。

> 200万円×30年×3倍＝1億8千万円

　創業社長の場合には，役員在任年数が長いので，計算上は高額な退職金を受け取ることができます。

　しかし，創業社長の場合に前述の計算で退職金が5億円になった場合に，

166 第5章 社長と面談した時にどうするか？

それを全額受け取って，リタイアした社長が使うことは可能でしょうか？

良い服を着て，高級車に乗って，高級なレストランで食事をして，海外旅行に行っても5億円を使い切ることは，なかなか大変なことです。

不動産など高額なものを買えば，使うことはできると思いますが，高齢の社長が，その不動産から賃貸収入を得ることにはあまり意味がないのではないでしょうか？

では，高額な退職金が欲しい社長はなぜそう思うのかというと，それは社長のプライドが影響していることがあります。

リタイアする社長は，仲のいい社長同士で退職金の額を張り合っている場合があり，たくさんもらった社長の方が，なんとなく偉いと感じてしまう傾向があります。

また，高額な退職金を受け取るということは，後継者や役員が自分の功績を称えていると感じる場合もあるのです。

社長は孤独です。頑張っても社内の人から褒められることが多くはないので，退職金の額というのが，自分の功績に関する一種のバロメーターであるということです。

しかし，退職金を受け取るということは，会社の内部留保が減るということなので，後継者のことも考えて，退職金の金額を考えていただきたいものです。

【会話例】 提案者

　社長はいままで経営でご苦労されたので，退職金をたくさん受け取られるのは当然の権利です。

　ただ，退職金にも税金がかかります。また，税務署が「過大な退職金は会社の損金に算入することを認めない」という税務上の規程があります。

　そうなると，会社と社長個人を合算して考えた場合，高額の退職金を受け取ることは，資金の効率が悪いということになります。

　相続税の納税資金の準備や，純粋に社長ご自身がリタイアされた後に楽しく使う資金分だけを退職金として受け取られ，それ以外の金額は後継者のために会社の内部留保として残してあげるのも一つの考え方です。

⑷ 自社株を渡す直前に「やっぱりやめた」と言われた

　事業承継対策の準備を重ね，自社株を渡す段階になって，「やっぱりやめた」と言う社長がいます。

　これは，社長を続けることの未練以外の何ものでもありません。

　常識的には，税理士・弁護士や銀行など多くの人を巻き込んで時間をかけて準備したものを，実行の直前になって，やっぱりやめたというのは，社長の行動としては好ましいものではなく，それは社長自身もよくわかっています。

　しかし，それをわかった上で，やはり辞めたくないという気持ちが勝り，一度手続をストップしたいということです。

　筆者の経験でも，自社株を後継者の会社に譲渡する際に必要な資金を銀行から借入する手続も済ませた後に，社長からやっぱりバトンタッチするのはまだ早いと言われて，関係者は大騒ぎになったことがあります。

　それでは，こういう場合，どうしたらいいのかということですが，こればかりは，どうしようもありません。

　バトンを渡す社長のお気持ちが決まるまでは待つしかありません。

　このようなことが起こった後に，いつ自社株を渡すのかということを催促しても，効果はないと思われます。なぜなら，社長はそのようなことになって，恥ずかしいですし，後ろめたい気持ちになっているからです。

　ここは，一言「社長のお気持ちが固まったら，いつでもお声をかけてください」と，優しい声をかけて見守って差し上げることが良い方法です。

　提案者のみなさまが，あの会社の事業承継はどうなったのかと上司からせっつかれても，決して社長をせかすようなことをしてはいけません。

第6章

事業承継対策をサポートする

◆提案者が事業承継対策を
サポートする具体的な方法

社長が事業承継対策をスタートすると決意しても，社長お一人では何から始めていいのかわかりません。

そこで提案者は，社長の事業承継対策の検討について，サポートをすることが，大切な役割です。

事業承継では，後継者の選定，経営体制の構築，株主構成など，さまざまな検討項目があります。これらを最終的に決定するのは提案者ではなく，社長ですが，検討すべき項目をご説明して，検討状況をフォローすること，そして相談相手になることは提案者の役割です。

この章では，提案者がどのようにその役割を果たすのかということについてご説明します。

170　第6章　事業承継対策をサポートする

1. 社長と後継者のディスカッションをサポートする

(1) 社長は後継者候補と話をしていない

　事業承継対策がなかなか進まない原因として「後継者が決まっていない」と答える社長がいます。心に決めた後継者候補がいる社長でも，そのことについて，直接話をする機会がないために，結果的に「決まっていない」状況が長く続いていることが多いものです。

　そのままズルズルいくと，これまで述べたように事業承継対策上はマイナスですので，社長と後継者候補がうまくディスカッションできるようにサポートすることは事業承継対策を進める上で，提案者の重要な役割です。

(2) 後継者候補の立場と心情を理解する

　なぜディスカッションができないのかというと，これは，社長と後継者候補の心情の問題です。事業承継について社長の心情は，第2章でご説明しましたので，ここでは，同族会社のケースで後継者候補の心情について説明します。

① 息子は自分がどうすればいいのか不安

　一般に，業歴の長い会社の社長の長男であれば，「自分が会社を継ぐことを期待されている」と薄々感じているものです。

　日頃，会社を経営している父親の姿を見ていれば，誰かが会社を継がなければ，家業は途絶えてしまうということを感じることがあるでしょうし，冠婚葬祭などの親族の集まりで，他の親族が，社長の長男に対して「君はお父さんの後を継いで，将来は社長だね」と話をすることはよくあることです。何代も続く会社であれば，自分で会社を継がない親族としても，親

族の誰かが会社を守っていって欲しいと考える人もいるのでこういう期待を込めた発言をするものです。

しかし、社長の息子からすれば、親である社長から正式に後継者として指名されない限り、自分が本当に社長として期待されているのかどうか、わからないというのが本音です。

さらに、社長の子供が2人いれば、どちらが社長になるのかわからないということもあります。社長は息子を後継者に指名しても断られるかもしれないと思っているのと同様に、後継者も自分が後継者として認められるのかどうかわからず、不安に思っているものです。

② 家業を継ぐのか、自分の夢を追うのか？

息子は、学校を卒業して、親の会社に入社しないのであれば、同級生と同様に一般企業に就職して、自分がやりたい夢に向かって頑張ることになります。

そして、多くの同級生たちがそうであるように、その会社で働いて、上を目指していくことになりますが、同級生たちと異なるのは、いつか家業を継ぐことになるかもしれないことを、常に考えておかなくてはならないことです。

自分の夢を追いかけていくのか、家業を継ぐのか、どちらの選択が親から自分に求められ、喜ばれることなのか、またどちらが自分で歩みたい人生なのかを考えるのは簡単なことではありません。

後継者候補である息子は、自分の人生を自分だけでは決められないという難しい問題を抱えているのです。

③ 後継者候補から切り出すことは難しい

事業承継について後継者候補から社長に話を切り出すことが難しいこと

は，想像に難くないと思います。

　その理由としては，自分が後継者になる話は，親（社長）に辞めてくださいという話でもあるからです。

　息子としては，自分が後継者になるのかならないのかということは，人生において重要な選択なので，早く確認したいと思いつつ，そんなことを聞いたら，「俺に会社を辞めろというのか！」と社長の逆鱗に触れる怖さもあり，結局実現できていないことが多いものです。

　筆者の経験では，実際に後継者から話を切り出した場合に，社長が激怒されたケースも知っていますが，社長としてもちょうどよいタイミングだと思って話が進んだというケースもあります。

　社長の反応については，本当にケースバイケースだと思いますが，後継者について言えば，事業承継の話を切り出すことが難しいと感じていることは，ほぼ間違いないと思います。

1. 社長と後継者のディスカッションをサポートする　173

【事例：60歳代の後継者候補から相談されたケース】

　80歳代の創業社長とその長男である，60歳代の専務がいる会社で，ご相談をいただいたケースです。

　60歳代の専務は，一度も社長になることがなく，一般的には，そろそろ事業承継を考える年齢になってしまいました。

　専務の長男，つまり社長の孫も会社に入社しており，後継者候補はいる状態なのですが，実際にいつバトンタッチしてくれるのかわからず，専務は困っていました。

　しかし，社長は絵に描いたようなワンマン社長であり，専務から事業承継の話を切り出した場合，社長の逆鱗に触れそうに感じて話ができず，困り果てて筆者にご相談がありました。

　「社長に，事業承継対策を検討しているのか，検討していなくてもいつ頃バトンタッチするようなイメージなのかだけでも聞いてください。」とのことでした。

　筆者が，社長に面談し，事業承継について質問を差し上げましたが，一切質問にお答えされることはなく黙ってしまうので，仕方なく現在の事業計画についてお聞きすると，水を得た魚のように事業計画や将来のプランについてお話をされました。

　そこで，少しはお気持ちがほぐれたかと思い，事業承継についてご質問を差し上げると，また無言になってしまうという状況でした。

　今回は，事業承継のお話は難しいと判断し，帰ろうとすると，社長が「私は，体が元気なうちは，社長をやりたいと思っているんだ。わがままと思うかもしれないが，私が創業し，苦労して大きくした会社だから，それくらいわがまま言っても許されるんじゃないかなと思っているよ。

ただ，直接，息子や孫にこの話をしたら，わがままだと反対されても困るから，あなたから伝えてくれないか」と言われました。

　そこで，筆者は，「事業承継対策は時間がかかるものなので，私としてはあまり賛成はできません。しかし，リタイア時期をお決めになるのは，あくまでも社長ご自身ですので，私が反対する筋合いのものでもありません。ただ，後継者候補の方や会社の従業員の方々がご心配されていますので，体調が悪くなったり，ご自身で経営判断が鈍ったとお感じになった時には，すぐに息子さんへのバトンタッチをお考えください」とお話をしました。

　その時の社長は，Yes とも No ともつかない感じでしたが，それから１年ほどした後に体調を崩され，社長ご自身が事業承継のことが急に心配になったようで，専務を後継者として指名し，バトンタッチの作業に入りました。社長にお話ししてから１年の間，社長と専務の間に立って筆者が調整しておりましたが，昭和初期生まれの創業社長は，後継者と話をしない方が本当に多いものです。

(3) 調整役としての提案者の役割

① 社長と後継者候補の橋渡し

　社長は会社を辞めたくないので，後継者候補に事業承継の話をせず，後継者候補は社長の反応が怖くて事業承継の話を切り出せずにいることが多く，社長と後継者候補の自発的なディスカッションを待っていると，話し合いが何も行われず，会社存続へのマイナス影響があります。

　それを踏まえた上で，提案者は客観的な第三者として，社長と後継者候補の事業承継のディスカッションの機会を設けて，二者の橋渡しをすることが大切です。

　それでは，その段取りを考えてみましょう。

② 後継者候補に社長の想いを語ってもらう内容を整理する

　社長と息子が面談をしてもディスカッションがスムーズに進まないことがあります。

　そこで，二者が直接話をする前に，社長の考えを整理していただくことで，直接面談した際にディスカッションがスムーズに行われることがありますので，提案者が，事前にまず社長と面談して話す内容を整理することは良い方法です。

　社長が今まで，苦労をして会社を大きくしてきた歴史を語ってもらうことは，息子にとって，会社を継ぐかどうかの判断にとても重要です。息子は会社に入社していなければ，会社が発展した経緯，先代経営者たちの会社に対する想い，そして財務内容や取引先の情報については，理解していないことが多いでしょう。

　例えば会社が数十億円の借入を背負って，従業員の生活を守っていくのが社長の役割だと知ったら，息子としては簡単には実感がわかず，恐怖感

176　第6章　事業承継対策をサポートする

ばかりだと思いますが，その責任の重さを理解し，会社を継ぐと思うかどうかを考えさせることはとても重要です。

　そして，今後も会社を成長させるための事業計画を説明し，その中で，具体的に後継者に担って欲しい役割を「仕事」として説明することで，息子は会社を継ぐ意味を理解することができるのです。

③　二者の直接の面談

　社長が後継者に話す内容が整理できたら，二者の直接の面談というステップへと進むことになりますが，可能であれば，最初の段階では提案者は同席せず，当人同士に任せることがいいでしょう。

　まずは，第三者がいない状況で当人同士が本音をぶつけ合うことが大切です。

　そしてその後に，同席を求められたり，また話し合いがスムーズでないような状況になれば，二者の橋渡しの意味で，ディスカッションに参加することは大切です。

④　時には社長夫人を巻き込むことも検討

　二者の面談をなかなかセットアップできない場合には，社長夫人が両者をうまく取り持ってくれるケースもあります。

　提案者が，社長夫人と面識がある場合には，二者の面談のセッティングを社長夫人にお願いすることも一つの方法です。

　未上場企業の場合，社長夫人が役員のケースをよく見かけます。

　特に，創業社長の場合には，夫人も名前だけの役員ではなく，経営にも深くタッチしてきたことも多いものです。

　そういう場合には，事業承継の問題にも関心が高く，早く対策を打って安心したいと考えているのです。

事業承継対策を先送りにしている社長に対して，検討をスタートさせるのは，税理士，金融機関としても簡単ではなく，ある一定の線まででしかできないものですが，最終的に，社長に対して強く発言できる人は，長年連れ添った社長夫人であることが多いのです。

例えば，社長の経営判断が鈍ったと，役員が感じても，それを言い出せることはなく，それが可能なのは社長夫人だけかもしれないということです。

社長と後継者候補のディスカッションが進まずに困った時には，社長夫人に相談して，社長夫人に「猫の首に鈴をつける」ことをお願いできないかということを，選択肢として検討してみてはいかがでしょうか？

178 第6章 事業承継対策をサポートする

２．事業承継対策の検討を始める

(1) 社長の頭の中にあることを紙に整理する

　事業承継対策で検討すべきことは，第３章に整理した６つの事項です。繰り返しになりますが，もう一度整理してみます。

---

1 社長のイスと自社株を渡す相手と渡す時期

2 後継者の育成

3 社長交代についての関係者の理解

4 経営体制の構築

5 株主構成の検討

6 自社株を後継者に渡す方法

　これらのことを，社長が漠然と頭の中で考えていても，考えはなかなかまとまらないものです。

　考えるべきことを書き出し，決まったことを書いていくと，考えがまとまりやすいですし，また，検討ができていないポイントも明確になります。

(2) 事業承継計画書を活用する

　6つの事項を紙に書いて整理するために，どのようなフォームを用いてもいいのですが，作成することが大変な場合には，中小企業庁が，事業承継ガイドラインに「事業承継計画書」というフォーマットを用意していますので，これを活用すると良いでしょう。

　※中小企業庁の website 事業承継ガイドラインをご参照ください（http://www.
　chusho.meti.go.jp/zaimu/shoukei/2016/161205shoukei.htm）。

　このフォーマットは，会社の業績見込みや，後継者教育，自社株を渡す時期や方法を記入することができる便利なものです。

　しかし，提案者にとっては便利であっても，この項目を全て**ご高齢の社長が自分ひとりで記入していくのは簡単ではありません。**

　もともと，事業承継対策をしたくない社長なのですから，細かい表を埋めていく作業をしなくてはならないとなったら，億劫になってしまうものです。

　そこで，提案者としては，社長とお話しながら，この計画書を作成する作業をすると，計画検討のサポートになります。

　社長が計画書に一人で向かっているよりも，提案者とディスカッションしながら作成することで，検討すべきポイントや問題点が見えてくるものなのです。

　また，社長に面と向かって「後継者は誰ですか？」と突っ込んだ質問するよりも，計画書を作成する作業として，社長に質問すると，質問しやすいですし，社長も答えやすいというメリットもあります。

180 第6章 事業承継対策をサポートする

【事業承継計画（様式）】

社名							後継者		親族内 ・ 親族外				
基本方針													

	項目	現在	1年目	2年目	3年目	4年目	5年目	6年目	7年目	8年目	9年目	10年目
事業計画	売上高											
	経常利益											
会社	定款・株式・その他											
現経営者	年齢											
	役職											
	関係者の理解											
	後継者教育											
	株式・財産の分配											
	持株（％）											
後継者	年齢											
	役職											
	後継者教育 社内											
	後継者教育 社外											
	持株（％）											
補足												

【事業承継計画（記入例）】

社名	中小商事株式会社	後継者	親族内 ・ 親族外

基本方針
①中小信一郎から，長男信二郎への親族内承継
②５年後に社長交代し，信一郎は代表取締役会長に就任。後継社長である信二郎をサポートする。信一郎は，最終的に10年を目途に代表権を返上し，相談役に退く。
③計画策定と実行について，税理士とコンサルタントに依頼

	項目	現在	1年目	2年目	3年目	4年目	5年目	6年目	7年目	8年目	9年目	10年目
事業計画	売上高	8億円	→				10億円	→				12億円
事業計画	経常利益	4千万円	→				5千万円	→				6千万円
会社	定款・株式・その他	相続人への売渡請求制度の導入	自社株の暦年贈与を実施			信二郎が信一郎の兄弟から自社株取得						
現経営者	年齢	60歳	61歳	62歳	63歳	64歳	65歳	66歳	67歳	68歳	69歳	70歳
現経営者	役職	代表取締役社長					代表取締役会長					相談役
現経営者	関係者の理解	家族に説明	取締役に事業承継計画を説明		社内へ計画発表	取引先,銀行等への説明	役員の刷新					
現経営者	後継者教育	信二郎へ経営理念，ノウハウ，取引先などの情報を引き継ぐ →										
現経営者	株式・財産の分配				財産分配内容を家族に説明	遺言作成						
現経営者	持株（％）	80%	78%	76%	74%	72%	0%					
現経営者	持株（％）	暦年贈与 →					納税猶予制度での贈与					
後継者	年齢	33歳	34歳	35歳	36歳	37歳	38歳	39歳	40歳	41歳	42歳	43歳
後継者	役職		（入社）		取締役		代表取締役社長					
後継者	後継者教育 社内		経理部門		管理部門							
後継者	後継者教育 社内	信一郎から経営理念，ノウハウ，取引先などの情報を引き継ぐ →										
後継者	後継者教育 社外	現在の勤務先で営業を経験	社外セミナー等に参加	→								
後継者	持株（％）	0%	2%	4%	6%	28%	100%	100%	100%	100%	100%	100%
後継者	持株（％）						納税猶予 →					

補足
• 納税猶予制度の適用を受けられるかどうか，事前に税理士，コンサルタントに確認
• 信二郎以外の子供への相続財産について，生前に説明し，遺言を作成する
• 株価対策の必要性について検討する

(3)　問題点の優先順位や社長が譲れないことを確認する

　事業承継計画書の欄を埋めていっても，なかなか埋まらない項目もあります。例えば，事業承継対策の優先的な検討事項であるものの，なかなか決めることが難しいのは後継者を誰にするのかということです。

　こういう項目については，具体的に「誰にするのか」はすぐには決まらないとしても，後継者は絶対に親族から選ぶのか，親族が継がない場合には，親族以外の社内の役員にするのか，また M&A という選択肢はあるのかどうかなどの大きな方針は確認することができます。

　また，検討事項の中で，社長が絶対に譲れないものは何かということをお聞きすることも重要です。

　社長に子供が複数名いても，「必ず長男が後継者」と決めて，代々バトンタッチを行う会社もあります。こういう，その会社に特有な条件について，しっかりと確認しましょう。

(4)　バトンタッチの時期を決めるのに良い方法

　計画を考えていく上で，最も重要で難しいのが後継者の選定ですが，それと同等にバトンタッチの時期を決めるのも難しい問題です。

　社長が元気なうちは，社長自身もタイミングをイメージできないので，計画書とにらめっこしても，答えは出ないものです。

　筆者の経験では，「5年後にバトンタッチする」と言いながら，6年目になってもまだ続投されていた経営者はたくさんいます。

　5年経過後に，5年経ったかどうかは周囲の人々にとっては，明確ではないので，事業承継対策をしたくない社長にとって，実はこの言い方は好都合なのです。しかし，それではいつまでも事業承継対策をしないままにズルズルといってしまうことも多いものです。

2. 事業承継対策の検討を始める　183

　そうならないように，バトンタッチの時期を決めるのに次の３つの方法が有効です。

①　長期間にわたる，社長と後継者候補の年齢対比表を作成する

　社長と後継者候補の年齢対比表を作成します。事業承継計画書にも年齢の欄がありますが，10年と期間が短いので，長期間にわたる表を作成します。

　この表の例では，社長が70歳の時に長男が38歳になっているなど各々の年齢の状況がわかり，現実的にバトンタッチが可能なタイミングがわかってくるものです。

	2019	2020	2021	2022	2023	2024	2025	2026	2027	2028
社長	60歳	61歳	62歳	63歳	64歳	65歳	66歳	67歳	68歳	69歳
後継者候補（長男）	28歳	29歳	30歳	31歳	32歳	33歳	34歳	35歳	36歳	37歳
後継者候補（次男）	22歳	23歳	24歳	25歳	26歳	27歳	28歳	29歳	30歳	31歳

↑次男はまだ大学生

2029	2030	2031	2032	2033	2034	2035	2036	2037	2038
70歳	71歳	72歳	73歳	74歳	75歳	76歳	77歳	78歳	79歳
38歳	39歳	40歳	41歳	42歳	43歳	44歳	45歳	46歳	47歳
32歳	33歳	34歳	35歳	36歳	37歳	38歳	39歳	40歳	41歳

↑社長は80歳目前
後継者は社長就任可能か？

　なぜなら，後継者が学生であれば，社長になることは不可能ですし，また社長の年齢を考えれば，一般的には社長が80歳を超える前には，バトンタッチした方が良い場合が多いからです。

　定年のない社長が，いつ辞めるべきかを考えることにおいて，一つの判断材料としては有効な表なのです。

184 第6章 事業承継対策をサポートする

② 設立〇▲周年や社長・後継者の区切りのよい年齢時を選定

　実際に，会社の設立（創業）〇▲周年を区切りとして事業承継が行われることも多く見られます。会社の〇▲周年パーティーを行い，後継者を発表することもよくあり，取引先へのお披露目にはちょうどよく，またそれは，現社長がお取引先から，今までの功績を称えられる瞬間でもあり，「勇退のセレモニー」としても都合がいいからです。

　また，社長や後継者の年齢もバトンタッチの時期としては区切りをつけやすい方法です。

　「社長が75歳になったら」，「後継者が30歳になったら」という具体的な年齢で事業承継をするタイミングを決めておけば，当事者，周囲もみんな覚えているので，社長がやっぱり続投したいと考えても，うやむやにはしにくいということです。

　ここが，5年後にバトンタッチするという決め方とは大きく違うところです。

③ 親族や役員の前で事業承継の時期を明言する「退路を断つ」方法

　事業承継のタイミングを決めたら，親族や役員の前でまず発表することが重要なポイントです。

　通常，バトンタッチのタイミングは，社長自身のお心の中や，税理士，コンサルタント，金融機関などの相談相手の人と話し合って決めていくことが多いのですが，一度決めても，それらの人との間では，変更がしやすいというデメリットがあります。

　しかし，親族や役員の前で一度発表してしまうと，それを変更するのには理由が必要になりますので，社長が「まだ続投したいから」ということだけでは，親族からの納得は得にくいでしょう。

　また，一度決めて発表したことを，変更するというのは，特別の事情で

ない限り，社長としても格好が悪いと感じることになるので，それは避けたいと考えることになるでしょう。

つまり，親族や役員に対して，事業承継のタイミングを発表することで，社長みずから「**退路を断つ**」ということです。

辞めたくない社長にとっては，楽ではない決断ですが，計画的に進めるためには，効果的な方法であるといえます。

事業計画
- 売上計画
- 設備投資計画
- 採用計画
- 資金調達
- 海外進出計画
- 事業承継対策

事業承継対策は、事業計画の一部

3．継続的なディスカッションの実施

(1) 社長をせかしてはいけないが，背中を押すことも忘れてはいけない

　提案者が社長と事業承継のディスカッションを継続していると，社長が，辞めたくないことを感じ，このまま社長を続けさせてあげたいという気持ちになることがあると思います。

　筆者も，将来の夢を楽しそうに語る社長とお話をしていると，この幸せを社長から奪ってしまうことは大変心苦しいという気持ちになることがありますが，やはり，会社が存続，発展するためには，必要なステップだと考えて事業承継対策の検討を促しています。

　前述のとおり，辞めたくない社長をせかしてはいけません。じっくりと，検討していただくことが大切です。

　しかし，それでは，全く事業承継が進まないということもあります。

　そんな時には，社長の背中を押して差し上げることも重要です。親族の場合には，なかなか言いづらいことも，第三者だから客観的に説明しやすく，また社長も納得しやすいこともあるのです。

【事例：第三者からの説明で事業承継が進んだケース】

　ある創業社長は，ご長男を後継者として考えているものの，バトンタッチの時期を明言してはいませんでした。

　本音で言うと，経営することが楽しくて仕方がないのでバトンタッチについては，お決めになりたくなかったのですが，表面的には，長男がまだ育っていない。銀行や取引先には私の顔でつながっていて，まだまだ任せられないと言っていました。

しかし，権限を委譲して後継者が銀行やお取引先との信頼関係を築いていかなければ，いずれ会社にとってはデメリットが生じます。

そこで，筆者は，社長がご存命の時だけではなく，将来にわたって会社が発展するためには，引き際も重要で，そのために計画的にバトンを渡す準備をしなくてはならないということを説明しました。

さらに，社長が会長に退いてもビジネスができなくなるわけではなく，業務分担を行えばまだまだ楽しく仕事ができることを理解していただきました。

最終的には，翌年に会長職に退かれ，会長は新規事業を検討する部門をサポートする業務を行い，それが軌道に乗った場合，その実行は息子に任すという役割分担を実施することになりました。

通常業務は会長の教えを乞いながら，後継者が社長として行い，時間をかけて，お取引先や銀行の信頼を得ることができました。

ただ，会長のご決断を待っているだけでは，ここまでの進捗はなかったと思います。

⑵　自分が担当している時に事業承継が実行されるとは考えてはいけない

提案者が金融機関の方であれば，事業承継対策のディスカッションをすることでビジネスチャンスを得たいと考えることは当然のことですが，事業承継対策の検討を始めてから，実際に事業承継の実行に至るまでには，相当な年月がかかることが一般的です。

また，用意周到な社長は，事業承継の方法は検討しておくが，実行は数年後に行うという場合があります。

そうなると，実際に社長とディスカッションをしている提案者がそのお

188　第6章　事業承継対策をサポートする

客様を担当している間には，事業承継対策の実行がなされずに，提案者自身の成果には結びつかないものです。

　そもそも，社長にとっては，一生に一度の事業承継なのに，提案を受けてすぐにリタイアするということの方が少ないことは，冷静に考えればおわかりいただけるのではないでしょうか？

　しかし，その提案者自身の成果に結びつかないとしても，社長から感謝されるような提案をしていれば，次の担当者の時に，何らかの成果に結びつくはずです。

　たとえていうなら，提案者は自分自身をリレーのランナーだと思って継続的にディスカッションすることが必要です。

　みんなが，同じ気持ちでディスカッションを続けていれば，転勤したところにも，同じようなお客様が待っていてくださるはずです。そういう良い循環をつくれるように，考えてみてください。

(3)　ディスカッション内容の整理と保存

　社長と事業承継に関してディスカッションをした内容は，きちんと整理しておくことが大切です。

　たくさんのお客様の情報を頭で覚えていることは大変ですし，また転勤がある職業の方は，誰かに引き継いだ後も，後任者がわかるようにしておかなければ，せっかくの社長のお話が消失してしまいます。

　事業承継に関してディスカッションした内容は，とてもセンシティブなものなので，社長は，あまりたくさんの人に話すことは好まないものです。

　会社によっては，営業日誌や面談の記録をつけていることがあると思いますが，時系列に書いたものでは，後任者は何年にもわたって記録を遡らなければならないので，効率的ではありません。

　時系列ではなく，情報を項目ごとに整理したデータベースのようなもの

が良いでしょう。

【データベースでの管理】

　データベースと言っても，何も高額な費用を投じたシステムが必要というのではありません。使用するものはエクセル等の表計算ソフトで十分ですが，収集してストックする情報の内容が大切ですので参考にしてください。

●ストックしておく内容

　①　顧客の属性

　　イ　会社について

　　　創業（設立）年度，会社が発展してきた経緯，経営理念，役員・株主の構成など

　　ロ　個人

　　　関係当事者の年齢，家系図，親族の人間関係，個人財産の内容（金融資産，自宅などの個人不動産，事業用不動産の所有状況など）

　②　事業承継対策で検討すべき6つの項目の検討状況（P.178ご参照）

　③　その他，日々の面談内容で重要と思われること

　面談時に社長が発した言葉の中で，会社が公表している会社案内やwebsite に記載がないことは，大変重要な情報です。聞いた時に記録をしておかないと二度と知ることはできないものもあるので，克明に記録をしておきましょう。

　例えば，親族での揉め事や人間関係に関する情報は，社長に教えていただかないと知ることはできない情報なので，事業承継対策スキームを検討する上で，生きるものです。

190　第6章　事業承継対策をサポートする

【事例：社長からのコメントを生かした提案】

　75歳の創業社長は，事業承継対策を計画的に行いました。

　社長自身が所有する自社株は，後継者である長男の負担が小さくなるように，長期にわたって計画的に贈与を実施し，後継者の持株シェアは一定数以上になっていました。

　また，早期に後継者育成に着手し，長男は，すでに専務に就任して，後継者としての実力は問題がないレベルになっていました。

　そこで，社長から，後継者が育ったので，自分が所有する残りの自社株について，会社が買い取る方法を検討して欲しいとご相談をいただきました。表面的には，事業承継が成功しているケースに思われましたが，自社株を全て会社に売るということは，会社や後継者にとって負担が大きく，いままで負担が少ないようにと，贈与を行ってきた行動と矛盾してしまいます。

　筆者としては，その点に違和感を覚え，社長の真意を探るために，過去の言動を思い返してみると，社長が「長男と経営方針を巡って対立するようになったよ。長男の考えはまだまだ甘いし，困ったねえ」とぼやいていたことを思い出しました。

　そこで，社長にあらためてお話を伺うと，長男からすれば，社長の経営方針は時代遅れだという意見であるが，社長としては，自分が会社を大きくしてきた実績があるため，納得はいかず，次第に親子でありながら，その関係は冷え切ったものになった。後継者が育ったことは，嬉しいものの，自分に対する尊敬の念が小さくなっているという状況について，社長は嫌気がさし，社長自身が所有している残りの自社株を全て会社に買い取ってもらい，創業者利益を得てリタイアしたいと考えたとい

3. 継続的なディスカッションの実施　191

うことです。

　本来，仲の良い親子であれば，社長の長年の労に報いる気持ちがあり，自社株を買い取ることも許容されるのかもしれませんが，親子で対立している状況においては，会社の自己資本が減少するような方法は長男の理解が得られないと思われました。

　そこで，筆者としては，社長が所有している自社株を全てではなく，一部だけ会社に買い取ってもらい，残りは，納税猶予制度の適用を受けて長男に贈与する方法を提案しました。

　譲渡の株数について決定に至るまでには，時間がかかりましたが，最終的には，社長がその時に所有していた自社株の2分の1だけを買い取り，残りは納税猶予制度の適用を受けて贈与することになりました。

　社長と長男は表面的には無難に過ごしていましたので，人間関係が悪い状況はわかりにくかったのですが，社長が雑談の中で，親族同士の対立についてお話しされていたものをデータベースに記録しており，それをもとに，親子双方にメリットのある条件を同時に提示したのです。

　もしも，社長の自社株を全て会社が買い取るだけの提案であれば，長男からスムーズな了解は得られなかったと考えられます。

む　す　び

◆事業承継対策のサポートは日本経済の発展に寄与する

　これまで，社長に事業承継のディスカッションをするために提案者がどう考えて，何をすべきかについて，説明してきました。

　最後にもう少し広い視野で，事業承継対策について悩んでいる中小企業という存在について考えてみましょう。

　日本の企業のうち，約358万社が中小企業であり，その割合は99.7％を占めています（中小企業庁ウェブサイト「中小企業・小規模事業者の数（2016年6月時点）の集計結果」ご参照）。つまり，日本経済の発展を支える主役が中小企業であるということです。

　そして，その中小企業が抱えている大きな悩みが事業承継ですので，中小企業の事業承継が成功することは，日本経済の発展に大きくプラスになるということです。

　提案者のみなさまが，社長と事業承継のディスカッションをして，その会社の事業承継が成功するということは，その会社にとっての成功であることはもちろんのことですが，最終的には日本経済の発展に寄与することであり，提案者のみなさまは，そのような意義のある重要な仕事に携わっているということを理解してください。

　上述のような，日本の企業の大半が中小企業であるというデータを提案者のみなさまは，どこかで耳にされたことがあると思いますが，提案者自身が，日常業務の中で日本経済全体に関わる仕事をしているという実感は乏しいのではないでしょうか？

194

　ですから，ここで提案者のお仕事の大きさを念頭に置いた上で，社長にお会いいただければ，社長とのディスカッションも今までとは違う景色になるのではないかと思います。

　そして，事業承継の提案をして提案者としてビジネスチャンスがあれば，喜ばしいことですが，もしもその時にビジネスチャンスに結びつかなかったとしても，「日本経済の発展に寄与する仕事を成し遂げたことの喜び」を実感していただきたいと思います。

　なお，日本経済における中小企業の重要性の詳細につきましては，毎年，中小企業庁から発行されている中小企業白書をご参照ください。ネット上で閲覧可能です。それをご覧になれば，提案者ご自身の仕事の大きさがご理解できると思います。

◆社長とのディスカッションに近江商人の「三方良し」の精神を

　提案者は事業承継対策でビジネスチャンスに結びつけたいという気持ちがあるとしても，自分の利益だけでなくお客様の利益がなくてはいけません。その考え方をよくご理解いただくために，近江商人の経営哲学を紹介します。

　近江商人は江戸時代に活躍した日本三大商人の一つであり，現在，その流れを汲んで発展している企業も多数あります。

　近江商人は，**売り手良し・買い手良し・世間良しという「三方良し（さんぽうよし）」**の精神を経営哲学としていました。

　これは，売り手の都合だけで商売をするのではなく，買い手が心の底から満足し，さらに商売を通じて地域社会の発展に貢献するというものです。

　「三方良し」が実現されていれば，お客様は，自分たちのニーズに応えてくれた商人に対して，また継続的な取引をしたいと考えてくださるということです。

事業承継対策の提案をして，すぐにビジネスチャンスが得られなくても，継続的な取引が実現できれば，いつかはお客様が何かを返してくださるのです。

ぜひこの経営哲学を理解され，事業承継の提案をする際に活かしていただきたいと思います。

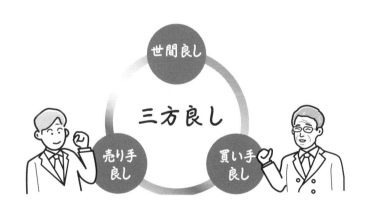

初心者向け基礎知識

 自社株の値段（株価）を算定する方法をできるだけ簡単に教えてください。

　自社株の算定方式を理解するのは簡単ではありませんので，ここでは，大まかに理解する方法をご説明します。

■3つの株価算定方法

株価算定方法は，次の3つがあります。

　このうち，社長の親族などの同族株主の自社株の評価をする場合には，類似業種比準価額方式と純資産価額方式を用い，従業員持株会など少数株主の自社株を評価する場合には，配当還元価額方式を用います。

　つまり，同族会社の株価対策について考える時は，類似業種比準価額方式と純資産価額方式の計算式結果が小さくなるようにするということです。

　　類似業種比準価額方式　｜
　　　　　　　　　　　　　｝…社長親族などの同族株主
　　純資産価額方式　　　　｜

　　配当還元価額方式　　　…従業員持株会などの少数株主

　※株価算定方式のご説明は，わかりやすいように，難しい計算式を簡略化しておりますので，この点をご理解の上，お読みください。

(1) 類似業種比準価額方式

　類似業種比準価額方式の計算式は，下記より，もっと複雑なのですが，この算定方式でどのような場合に，数値が大きくなるのか，つまり株価が高くなるのかということを理解するために，計算式を分解して計算要素を取り出しました。

　この計算式は，**これから株価を算定しようとする会社とその同業他社を比較する計算方法**なのですが，比較する要素は，「配当」「利益」「純資産」そして，同業他社の株価です。

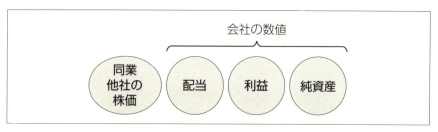

　会社の「配当」「利益」「純資産」と同業他社の株価が高ければ，株価は高くなります。

　一般に，**配当を多く出し，利益が高く，純資産が厚い会社というのは業績が良い「いい会社」です**から，そういう会社の株価が高いというのは理解がしやすいのではないでしょうか？

　なお，同業他社の株価というのは，国税庁のサイトに掲載されていますが，簡単にご理解いただくには，日経平均株価をイメージしていただくとよいでしょう。つまり，その会社の業績に変化がなかったとしても，同業他社の株価（日経平均株価のイメージ）が高くなると，その会社の株価が高くなります。株価対策を考えた場合，同業他社の株価は操作できませんので，**会社の「配当」「利益」「純資産」の数値を小さくする**ことです。

(2) 純資産価額方式

　純資産価額方式は，文字通り，決算書の純資産額に不動産や有価証券などの含み益をプラスしたものです。

　つまり，**会社を清算した時に手取がいくらなのかを計算する方法**です。

　これから株価を算定する会社の純資産が厚く，含み益が多い会社は株価が高くなります。

　業歴の長い会社は長年の利益の蓄積が純資産として厚く存在し，また過去に購入した不動産や上場株式があり，含み益が多い状況にあります。

　そのような会社は，一般に「いい会社」と認識されているので，株価が高いというのは理解がしやすいと思います。

　そして株価対策を考える場合には，純資産を減らすことですが，類似業種比準価額方式ほど多くありません。なぜなら，赤字でない限り，通常は純資産が増えるからです。

　株価対策の方法としては，P.92〜94でご説明したように，不動産を購入する方法が用いられることがあります。

(3) 配当還元価額方式

　配当還元価額は，その会社の配当実績に応じて株価を算定する方法です。単純に配当が多ければ株価は高くなります。

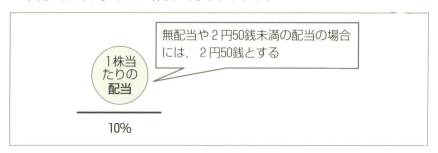

　少しわかりにくい計算式かもしれませんが，計算式の意味は，「年間10％の配当をしている会社を標準と考え，この会社の過去の配当実績に対して，10％の配当を生み出す元本はいくらか」ということを算定するものだということです。

　なお，未上場企業の場合には，配当していないケースが多いのですが，配当がゼロでも，1株あたり2円50銭の配当をしたと計算しますので，株価はゼロにはなりません。

　ただ，類似業種比準価額方式の計算や純資産価額方式の計算結果よりは**大幅に低い水準で，従来の額面価額のようなイメージです。**

後継者の持株シェアはどれくらいあると
安心できるのでしょうか？

　会社を経営する上で，重要な事項を決定するのは，株主総会です。

　そして会社法には，株主総会で議案を可決するために必要な議決権数が定められています。

　少し，細かい話になりますが，株主総会決議には，**普通決議，特別決議**，特殊決議があります。

　ここでは，普通決議と特別決議についてご説明します。

■株主総会決議について

◆普通決議

○株主の過半数を定足数として出席株主の議決権の**過半数の賛成**によって成立する。

＜普通決議の例＞
- 自己株式の取得
- 計算書類の承認
- 役員の選任・解任
- 資本金額の増加

◆特別決議

○株主の過半数を定足数としてその**3分の2以上の賛成**によって成立する。

＜特別決議の例＞
- 定款変更
- 資本金額の減少
- 事業譲渡・解散
- 組織変更・合併・会社分割・株式交換

　普通決議は，出席株主の議決権の**過半数の賛成**によって成立し，**特別決議**は株主の過半数を定足数として，その**3分の2以上の賛成**に

よって成立します。

　決議できる内容について，ご覧いただくとおわかりいただけると思いますが，**経営の根幹にかかわる議案についての決議は，株主総会の特別決議で決定する必要**があります。

　もちろん，社長が自社株を100％所有していれば，法的には，社長1人で何でも決められる状況にあるということですが，100％でなくても3分の2以上を所有していると安定した経営を実現できることになります。

　過半数では，重要事項の決定はできませんので，注意が必要です。

あ と が き

　経営の承継の重要さや，社長の心情を理解した上での社長とのディスカッション方法について，ご理解いただけたでしょうか？

　会話例については，社長とディスカッションする際にご活用いただきたいのですが，会話例を小手先のテクニックとして使用してもうまくいきません。

　お客様の会社の存続，発展を願う「こころ」がなくては，どのような話し方をしても，百戦錬磨の経営者には見透かされてしまいます。

　真にお客様の会社の存続，発展を願う気持ちが最も大切で，その上で会話例に提案者ご自身の気持ちを乗せていただければ，社長とのスムーズなディスカッションが実現するはずです。

　提案者のみなさまのご成功をお祈りしております。

　なお，本書は経営の承継についてフォーカスしたもので，税務対策の方法については，一部しか記載しておりません。

　経営の承継について，社長とのディスカッションがスムーズに進み，税務対策の知識が必要になった場合には，拙著『事業承継がゼロからわかる本』（中央経済社，2017年）をお読みいただくと，税務対策についてもご理解が深まると思います。

【著者紹介】

半田　道 （はんだ　おさむ）

株式会社クロスリンク・アドバイザリー　代表取締役

〈法人概要〉

〒160-0022

東京都新宿区新宿1丁目3番8号　YKB新宿御苑ビル4階

http://www.crosslink-adv.com

○事業概要

- 事業承継コンサルティング
- 研修・セミナー
- 事業承継・銀行業務関連の執筆
- 銀行等への事業承継のビジネスモデル構築のサポート

〈著者経歴〉

○メガバンク勤務

- 国内法人営業を経験
- 生命保険会社出向時に中小企業向けに「生命保険を活用した事業承継対策」を提唱し，顧客提案やセミナーを数多く実施。
- メガバンクの事業承継の専門セクションにて日本橋地区の老舗企業に対して数多くのコンサルティングを実施。
- 研修会社に出向時，地方銀行向けに事業承継の研修を実施。

○米国系銀行勤務

- 事業承継と資産運用提案の専門セクションを立ち上げ，部長に就任。
  銀行内の事業承継のコンサルティング体制・ビジネスモデルを構築。

○株式会社クロスリンク・アドバイザリーを設立し，代表取締役に就任。

- 常にClient First（顧客第一主義）と誰にでもわかりやすい説明をモットーにコンサルティングを行う。

社長に事業承継の話を切り出すための本

2019年7月20日　第1版第1刷発行

著　者　半　田　　　道

発行者　山　本　　　継

発行所　㈱中央経済社

発売元　㈱中央経済グループ
　　　　パブリッシング

〒101-0051　東京都千代田区神田神保町1-31-2
電話　03（3293）3371（編集代表）
　　　03（3293）3381（営業代表）
http://www.chuokeizai.co.jp/
印　刷／文唱堂印刷㈱
製　本／㈲井上製本所

Ⓒ 2019
Printed in Japan

＊頁の「欠落」や「順序違い」などがありましたらお取り替えいた
　しますので発売元までご送付ください。（送料小社負担）
ISBN978-4-502-31371-4 C3034

JCOPY〈出版者著作権管理機構委託出版物〉本書を無断で複写複製（コピー）することは，
著作権法上の例外を除き，禁じられています。本書をコピーされる場合は事前に出版者
著作権管理機構（JCOPY）の許諾を受けてください。
　　JCOPY〈http://www.jcopy.or.jp　e メール：info@jcopy.or.jp〉

●着眼力シリーズ●

税務調査官の着眼力Ⅱ
間違いだらけの相続税対策
秋山清成著

テレビや小説ではわからないウソみたいな本当の話にとにかく驚くばかり！　遺言どおりに相続できない？／とりあえず、もしもに備えて、納税資金の確保が最優先です／相続放棄で身を守る？／遺言書が存在する相続ほどこじれる？　ほか

女性社労士の着眼力
知ったかぶりの社会保険
田島雅子著

マイナンバーで迫られる社会保険の加入問題。経営者なら、従業員を厚生年金に加入させ半額を会社負担とするか、個人事業主で国民年金とするか？　配偶者なら、保険料を納めず第3号被保険者でいるか、所得制限のない年金保険加入者になるか？

アセットマネジャーの着眼力
間違いだらけの不動産投資
佐々木重徳著

節税ありきの不動産投資でいいんですか？安易な判断が命取りになりますよ！　相続税対策でドツボに嵌るアパート経営／高利回り物件って、ホントにお得なの？／意外と奥が深いワンルームマンション投資／リノベーションあれこれ　ほか

中央経済社

●税務ハンドブックシリーズ●

税目ごとに細分化され、常に携帯するのに便利な超薄で充実の内容。図表を多用した2色刷りで見やすく、大きめの文字で読みやすい。下記「税務重要計算ハンドブック」の参照ページを適宜表示。

●税務重要計算ハンドブックシリーズ●

難解とされる税務計算について、基本的かつ重要な事例を厳選し、現場で実務を担当する税理士を強力にサポート。上記「税務ハンドブックシリーズ」とセットでご活用ください。

中央経済社

●実務・受験に愛用されている読みやすく正確な内容のロングセラー！

定評ある税の法規・通達集シリーズ

所 得 税 法 規 集
日本税理士会連合会 編
中央経済社

❶所得税法 ❷同施行令・同施行規則・同関係告示 ❸租税特別措置法（抄）❹同施行令・同施行規則・同関係告示（抄）❺震災特例法・同施行令・同施行規則（抄）❻復興財源確保法（抄）❼復興特別所得税に関する政令・同省令 ❽災害減免法・同施行令（抄）❾国外送金等調書提出法・同施行令・同施行規則・同関係告示

所 得 税 取 扱 通 達 集
日本税理士会連合会 編
中央経済社

❶所得税取扱通達（基本通達／個別通達）❷租税特別措置法関係通達 ❸国外送金等調書提出法関係通達 ❹災害減免法関係通達 ❺震災特例法関係通達 ❻索引

法 人 税 法 規 集
日本税理士会連合会 編
中央経済社

❶法人税法 ❷同施行令・同施行規則・法人税申告書一覧表 ❸減価償却耐用年数省令 ❹法人税法関係告示 ❺地方法人税法・同施行令・同施行規則 ❻租税特別措置法（抄）❼同施行令・同施行規則・同関係告示 ❽震災特例法・同施行令・同施行規則（抄）❾復興財源確保法（抄）❿復興特別法人税に関する政令・同省令 ⓫租特透明化法・同施行令・同施行規則

法 人 税 取 扱 通 達 集
日本税理士会連合会 編
中央経済社

❶法人税取扱通達（基本通達／個別通達）❷租税特別措置法関係通達（法人税編）❸連結納税基本通達 ❹租税特別措置法関係通達（連結納税編）❺減価償却耐用年数省令 ❻機械装置の細目と個別年数 ❼耐用年数の適用等に関する取扱通達 ❽震災特例法関係通達 ❾復興特別法人税関係通達 ❿索引

相 続 税 法 規 通 達 集
日本税理士会連合会 編
中央経済社

❶相続税法 ❷同施行令・同施行規則・同関係告示 ❸土地評価審議会令・同省令 ❹相続税法基本通達 ❺財産評価基本通達 ❻相続税法関係個別通達 ❼租税特別措置法（抄）❽同施行令・同施行規則・同関係告示 ❾租税特別措置法（相続税法の特例）関係通達 ❿震災特例法・同施行令・同施行規則（抄）・同関係告示 ⓫震災特例法関係通達 ⓬災害減免法・同施行令（抄）⓭国外送金等調書提出法・同施行令・同施行規則・同関係通達 ⓮民法（抄）

国 税 通 則・徴 収 法 規 集
日本税理士会連合会 編
中央経済社

❶国税通則法 ❷同施行令・同施行規則・同関係告示 ❸同関係通達 ❹租税特別措置法・同施行令・同施行規則（抄）❺国税徴収法 ❻同施行令・同施行規則 ❼滞調法・同施行令・同施行規則 ❽税理士法・同施行令・同施行規則・同関係告示 ❾電子帳簿保存法・同施行規則・同関係告示・同関係通達 ❿行政手続オンライン化法・国税関係法令に関する省令・同関係告示 ⓫行政手続法 ⓬行政不服審査法 ⓭行政事件訴訟法（抄）⓮組織的犯罪処罰法（抄）⓯没収保全と滞納処分との調整令 ⓰犯罪収益規則（抄）⓱麻薬特例法（抄）

消 費 税 法 規 通 達 集
日本税理士会連合会 編
中央経済社

❶消費税法 ❷同別表第三等に関する法令 ❸同施行令・同施行規則・同関係告示 ❹消費税法基本通達 ❺消費税申告書様式等 ❻消費税法等関係取扱通達等 ❼租税特別措置法（抄）❽同施行令・同施行規則・同関係通達 ❾消費税転嫁対策法・同ガイドライン ❿震災特例法・同施行令（抄）・同関係告示 ⓫震災特例法関係通達 ⓬税制改革法等 ⓭地方税法（抄）⓮同施行令・同施行規則（抄）⓯所得税・法人税政省令（抄）⓰輸徴法令 ⓱関税法令 ⓲関税定率法令（抄）

登 録 免 許 税・印 紙 税 法 規 集
日本税理士会連合会 編
中央経済社

❶登録免許税法 ❷同施行令・同施行規則 ❸租税特別措置法・同施行令・同施行規則（抄）❹震災特例法・同施行令・同施行規則（抄）❺印紙税法 ❻同施行令・同施行規則 ❼印紙税法基本通達 ❽租税特別措置法・同施行令・同施行規則（抄）❾印紙税額一覧表 ❿震災特例法・同施行令・同施行規則（抄）⓫震災特例法関係通達等

中央経済社